瑞蘭國際

瑞蘭國際

瑞蘭國際

瑞蘭國際

印度，不思議！
Incredible India
黃佩筠 著

作者序｜

看到了一個不同的世界、
也看到了不同的自己

沒有去過印度的人，大致呈現兩種極端：一是抱著想一探究竟的好奇心躍躍欲試，二是斬釘截鐵地堅稱自己打死都不會去這種「鬼地方」；同樣的，去過印度的人通常也是兩極化的評價：要不愛死印度，要不恨死印度。

在我完成了數趟長程的印度旅行之後，周遭的朋友莫不直接把我歸類為前者，或者認定我大概前輩子就是個印度人，否則哪來這樣的不解之緣讓我一次又一次地踏上這塊土地？我也無數次問自己這同樣的問題：我究竟有多愛印度？然而，很意外地，事實並不盡然。

在我所分享的印度美麗風光與精彩歷險記中，大家看不到當我不得不在衛生條件較差的郊外如廁時，那種強掩口鼻、戒慎恐懼的瞬間，從內心升起的嫌惡念頭；看不到我每天一再上演與掮客、小販、司機討價還價戲碼時的厭倦心情；也看不到我面對印度毫無秩序的秩序時，那種無所適從的無奈。我得誠實地說，我對印度也產生過所有負面的情緒，但是，即便如此，她卻有種無以明說的魔力，牽引我一再回到她的懷抱。一直不知道，這樣的我該不該算是「愛死印度」的一員，然而肯定的是，

我總是想再一次將她看個仔細，就算必須面對對她種種的不適應，也甘之如飴。

印度之所以被稱為旅行的終極試煉，或許就在於她帶來的極端體驗，讓你看到最好的、也看到最壞的；讓你感受最棒的、也感受最糟的。只是，我們都別忽略一個重點：人對外境的感受，其實都是來自於內心世界的投射！而印度的獨特，即在於她堂而皇之所展現的極端，讓我們內在深藏的極端也不得不赤裸地顯露出來。

印度，是探索外在世界、同時也探索內在自心的旅程，只要你有出發的勇氣，一段專屬於自己的生命體驗就將展開。我的印度之旅，讓我看到了一個不同的世界、也看到了不同的自己。很高興能有機會在這裡將自己的經驗化為文字，與正準備要啟程的你們分享，願大家都能在旅途中見著生命的美好。

黃佩筠

CONTENT
目錄／

不可思議的印度！

自助遊印度一點都不難！

精選印度城市

前言／

15世紀時，歐洲的航海家為了找尋前往神祕東方（印度、中國）的航線，前仆後繼地紛紛起程，進而促成了地理大發現；20世紀末，當代科技最重要的創新者——蘋果創辦人賈伯斯，亦曾拋下一切，前往印度展開改變了他一生的朝聖之旅；直至今日，印度這個文明古國從未間斷地吸引著來自四面八方的旅人，究竟她的魅力何在？

◆ **珍貴的歷史遺產：**

印度是四大古文明之一，印度河流域在公元前三千多年便有人類文明的發展。這樣源遠流長的歷史代代相傳，孕育了無數人類文化的瑰寶，如泰姬瑪哈陵、阿姜陀石窟、卡修拉荷的性愛神廟群等等，皆已名列聯合國教科文組織所保護的世界遺產。

◆ **神祕古老的智慧傳承：**

古印度的瑜珈行者所傳授的靈性修習，帶給無數世代的人們心靈層次的提升；而印度傳統的阿育吠陀（Ayuveda）療法，亦被認為是世界上最古老的醫學系統。

◆ **語言與種族的多樣性：**

印度素有「種族博物館」之稱，而不同民族有各自不同的

1/2
1 位於羅塔爾的印度河流域古文明遺跡，距今約有五千年的歷史。
2 卡修拉荷的性愛神廟石雕，有著大膽的情慾刻畫。

1 恆河畔的僧侶。
2 錫克教聖地黃金廟。

語言，方言更是不計其數，光是政府承認的官方語言即有超過二十種，其中也包括了英國殖民時代所留下來的英語。複雜的語言、種族融合在一起，兼容並蓄，造就了人文的豐富多樣色彩。

◆ 濃厚的宗教色彩：

印度同為印度教、佛教、耆那教、錫克教四大宗教的發源地，而穆斯林的統治歷史，亦留下了大量信仰回教的人口。對於宗教的虔誠信仰，影響了人文發展的走向，同時也深植於人民的

1|2|3
4

1 位於南印的天主教堂。
2 典型的印度教寺廟建築。
3 耆那教寺廟供奉的尊者大雄。
4 南印沿海的回教清真寺。

日常生活、內化於思考模式中。各個宗教的慶典、祭祀活動、廟宇建築，以及充滿智慧的教義經典，在在強化了文化的深度。

◆ 豐富的地理生態：

印度幅員廣闊，北有喜馬拉雅山群，往南伸入印度洋，擁有七千多公里的海岸線，囊括了雪山、沙漠、高原、平原、雨林等多樣的地形，自然生態風光應有盡有。

1 南印度的熱帶海灘。
2 喜馬拉雅山群終年覆頂的積雪。

出發去印度吧！

曾有人這麼說：「只有被印度選上的人，才有機會踏上印度。」而在網路的旅行論壇中，也總是戲稱印度為自助旅行的「大魔王」，彷彿說明了想要一親芳澤並不是那麼容易，甚或是貶抑地暗示著來到此地旅遊的危險。印度的萬千風貌讓人想要一探究竟，然而，卻似乎也是那層神祕的面紗，令人望之卻步。

事實上，恐懼往往只是因為欠缺了解，只要有了充足的認知以及完善的準備，到印度旅遊真的一點都不難！印度確實是個相當「特別」的國度，所謂「特別」，可以是褒也可以是貶，但無可否認地，那裡的一切都是前所未有的新奇體驗，甚至可能會顛覆我們原有世界的邏輯！但也正是那樣不可思議的印度，深深吸引著我們前往探險。敞開心胸，做好準備，印度將會回饋我們一段永生難忘的旅程！

印度地圖

齋浦爾（Jaipur）
新德里（New Delhi）
瑞斯凱詩（Rishikesh）
阿格拉（Agra）
錫金邦甘托克
（Gantok, Sikkim）
加爾各答（Kolkata）
大吉嶺（Darjeeling）
瓦拉納西（Varanasi）
喀拉拉邦（Kerala）
邁索爾（Mysuru）

不可思議的印度！

A.
關於氣候 ⁄

提到印度的天氣，十之八九的人會直接反應：「一定超熱吧！」可惜這個答案只對了一半。確實，印度全境皆在熱帶及亞熱帶的範圍內，大部分的區域屬於熱帶季風氣候，終年高溫（最冷月均溫高於攝氏18度），沒有明顯的寒冬，乾濕季分明，而西北部拉賈斯坦邦境內的塔爾沙漠則屬於熱帶沙漠氣候，然而，印度的氣候其實很多元，並非只用一個熱字便能概括。

印度全年的氣候大致上可以分為：雨季（六至十月）、旱季或熱季（三至五月）和涼季（十一至二月）。其中以十一月至二月的涼季為旅遊旺季，氣候冷熱適中、乾爽宜人。二、三月後氣溫會逐漸升高，四、五、六月最為炎熱，為旅遊淡季。若於雨季至印度旅遊，須慎防突來的暴雨，尤其是南印地區。

然而，除了刻板印象的「熱」之外，我們更要知道：印度的幅員相當廣大、囊括的地形相當豐富，可不是每個地方都是四季如夏的炎熱喔！像是印度北部許多城市的緯度比台北更高，冬天的氣溫也較台灣低得多，更別說是近喜馬拉雅山區一帶，如喀什米爾邦，只要一過了八、九月便開始轉冷，尤其入夜後溫差甚大，冬季更會有數個月是冰天雪地，甚至還會因此封閉道路呢！

B.
關於交通

印度幅員遼闊，各個旅遊城市之間的距離動輒數百、甚或數千公里，跨城市、省邦間的交通可利用國內線飛機、火車、巴士；城市內的短程距離，則有公車、計程車、嘟嘟車、人力車等等；一些大城市如新德里、孟買、加爾各答，則有便捷的地鐵系統。

◆ 飛機：

印度的國內航空網絡連接各主要大城市、旅遊城市及部分地方城市，現在網路訂票成為主流購票方式，各航空公司皆可透過網路訂票、刷卡付款，再直接出示電子機票換取登機證，相當方便。但必須注意：印度對於進出機場有相當嚴格的管制，不論是搭乘國內或國外航線，皆須出示紙本電子機票和護照方能進入機場，否則會被機場維安人員擋下，所以務必事先準備好。

印度有不少以國內航線為主的航空公司，圖為 Indigo（湛藍航空）的班機。

以下是提供印度國內航班的航空公司：

IndiGo（湛藍航空）：https://book.goindigo.in/

Jet Airways（捷特航空）：http://www.jetairways.com/

Air India（印度航空）：http://www.airindia.in/

SpiceJet（香料航空）：http://www.spicejet.com/

GoAir（走吧航空）：https://www.goair.in/

Kingfisher（翠鳥航空）：http://www.flykingfisher.com/

1 德里機場的海關入境處。
2.3 各個大城市的機場皆明亮寬敞且乾淨。

◆ 火車：

印度擁有全世界最龐大、最密集的鐵路系統，火車是在印度旅行一個安全便捷、同時也廣泛被使用的交通方式，一趟火車之旅更是體驗印度文化的絕佳選擇！了解了印度火車以及購票、搭乘的注意事項，將會讓你在印度暢行無阻！

車廂分等：

印度臥鋪火車有四個級別的分等，票價差異懸殊，最高與最低的票價超過五倍以上，頭等艙的票價有時甚至不比搭乘飛機便宜喔！

- AC First Class（空調頭等艙）：兩層上下鋪軟臥鋪，有四人一房或兩人一房，是獨立可上鎖的空間，隱密性最高，安全無顧慮，有鏡子、置物架、插座等設備，並會提供枕頭、床單、毛毯。乘客通常多為印度的有錢人。
- AC 2 tier（空調商務艙）：同樣是兩層上下鋪，但有分為走道的 SIDE UPPER / SIDE LOWER，和兩兩相對的 UPPER / LOWER。此等級床位旁有拉簾，可保有隱私空間，也有鏡子、置物架、插座等設備，並會提供枕頭、床單、毛毯。
- AC 3 tier（空調經濟艙）：上、中、下三層鋪 UPPER / MIDDLE / LOWER 及走道的 SIDE UPPPER / SIDE LOWER。此等級除了三層鋪的部分空間較小之外，其餘皆和 AC2 無特別差異，且價格更實惠，故為自助旅行者的首選！

1|2|3
4|5|6

1 AC2 的內部。2.3 AC3 的內部。4.5 Sleeper 艙。
6 AC3 每個小區間共有八個鋪位：與列車走道平行的上鋪、下鋪，以及與走道垂直、相對並排的兩側上、中、下鋪。

- Sleeper（無空調硬鋪）：鋪位空間同 AC3，但無拉簾，也沒有提供插座及寢具。整體空間開放，會有小販等閒雜人等進出，甚至沒有購票的人也可以很容易地上車，出入比較複雜、也較無隱私性。但票價便宜，且是真實印度的庶民生活，如果有興趣嘗試，將會是很難忘的體驗！

鋪位的選擇：

一般來說，上鋪的隱密性及安全性較高，單身旅行者（特別是女性）強烈建議選擇上鋪。如果以 AC3 的空間來說，SIDE UPPPER 相對於 UPPER 的空間更為寬敞，因此，考量經濟、安全及舒適度等因素，AC3 的 SIDE UPPER 是 CP 值最高的選擇！

另外，臥鋪火車在白天時，會將中鋪的床板收起，下鋪即成了座位，此時所有的人都坐在下鋪，這是社交聯誼的好時機！可以藉此認識身邊的印度朋友或是其它旅行者，進行小小的文化交流分享。當然，若你的床位是最上鋪，白天時你也還是可以留在上鋪休息，不受影響，所以如果希望能保有較多的私人空間，就選上鋪囉！

日間列車：

僅於日間行駛的列車則沒有臥鋪的選擇，而依等級分為頭等艙（First Class）、空調座椅艙（AC Chair Car）、二等艙（Second

這些全是特快車內附贈的餐點及飲料，還有礦泉水及英語報紙，服務相當周到。

二等艙的座位。

Sitting）。其中頭等艙與空調座椅艙的差別為座位的寬敞舒適度，二等艙則無空調。另外，還有特別為觀光或商務用途行駛於重點城市的特快車 Shatabdi Express，只有商務艙（Executive AC Class）和空調座椅艙（AC Chair Car）的選擇，票價較高，但有專門的車廂服務人員，提供報紙、瓶裝水、熱奶茶、正餐、甜點等等服務，皆不需另外收費，是已經包含在票價內的。

購票：

所有火車站的櫃檯皆開放臨櫃購買各路線的車票，須先填單再至櫃檯買票。但對於外國人來說，可能會遇上語言不通、溝通不良、或是等待時間太長等問題。因此，在德里、加爾各答等大城市，火車站都會設有專為外國遊客服務的售票處（Foreigner Ticket Office），或者可以考慮更為便利的網路購票。

網路購票是透過印度國鐵（IRCTC）的官網（http://www.irctc.co.in/），來查詢班次、票價、空位狀況、訂票、取消等等，但付款時限定須為印度指定銀行發行的信用卡，或者是已授權可透過由指定印度銀行的信用卡付款機制的任意銀行發行之簽帳卡。因為這個限制，多數自助旅者選擇使用印度國鐵的網路購票代理商如 Cleartrip（http://www.cleartrip.com/）來查詢及購票，每張票券會加收數十元盧比不等的手續費，但網站介面更為簡化、清楚、好操作，且購票及付款程序也相對簡單。

但是，不論你是使用印度國鐵官網、Cleartrip、或其他的網路購票代理商，都必須先經過註冊和印度國鐵官網的認證程序，由於認證碼需要透過印度手機，所以如果不在印度境內的話，

1 | 2
3 | 4

1.2 一般車站的臨櫃購票，須先填妥表單的內容再前往櫃檯確認座位及票價。3 新德里車站的外國旅客服務處。4 臨櫃購買的火車票。

則須另外 Email 給印度國鐵說明並且附上護照，由印度國鐵工作人員以人工方式回覆一組認證碼。這些程序可能需要數天的等待時間，建議在準備行程時及早著手申請，雖然程序很麻煩，但只要認證通過之後，絕對會成為印度自助旅行的最佳利器！

乘車：

印度火車站皆設有人身行李的安全檢查，卻沒有任何人工或機器的驗票閘口，驗票的程序是在火車上由列車長一一查核，言下之意就是：想要暫時混上火車其實很簡單，但是在車上卻很難能閃得過列車長查票。因此，雖然看印度人在火車上逃票的情形很普遍，我們還是不該抱著僥倖的心態！

進入車站後，根據車次和目的地在電子看板上查詢候車月台，如果看板上找尋不到你的車次，也不要慌張，向崗哨、櫃檯、辦公室內站務人員詢問即可。印度的火車站，特別是德里、加爾各答等大站，車次繁多、動輒有數十個月台，建議預留至少半個小時的時間抵達，以免因在車站內迷路而錯失班車。

1|2 1.2 火車站月台。

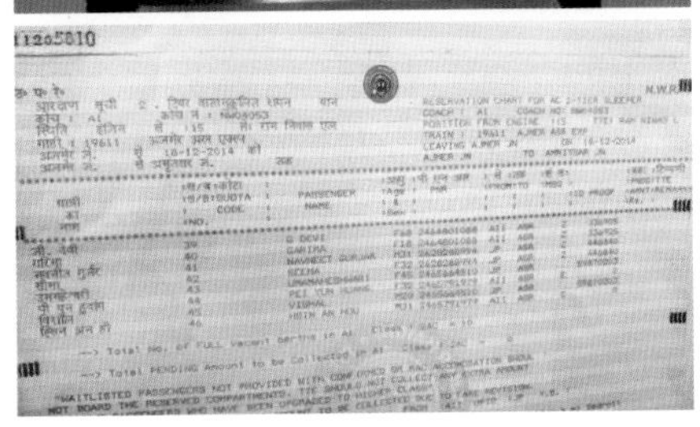

1 2/3 1.2 火車站的電子看板會顯示車次及月台。3 車廂外張貼著旅客名單。

印度的火車票券是採取實名制，購票時即留下個人姓名等資訊，乘車當天的候車月台上及車廂外也會張貼該車廂的旅客名單資料，列車長查票也是依據這份名單，因此護照等身分證明須隨身攜帶以供查驗。如果為網路購票者，可以印出電子車票（e-ticket），或者是在個人的電子裝置上留有訂票的資料畫面，以供查核。

用餐時間前會有服務人員前來一一詢問是否要訂購餐點，葷素皆有；不時也會有人來販售飲料、熱茶、零食、炸物等等；車子靠站時，也可以下車到月台上買東西吃，一點也不用擔心會餓肚子！

印度火車上沒有廣播系統，也不會報站，如果一路上想要知道列車行經的站別以及估算還要多久才會到站的話，可以預先至此下載列車行程表（http://www.indianrail.gov.in/train_Schedule.html），裡面詳細列出火車行經的各大小車站站名、表定到站時間、里程數累積等等。當然，更輕鬆自然的方式是與鄰座的印度朋友混熟，他們會非常熱心地告訴你何時該下車！

◆ 巴士：

印度有公營及私營的巴士提供長程及過夜的載客服務，依車子的等級、新舊、舒適度，價格也會有所不同。一般來說，在熱門的旅遊路線皆有標榜觀光巴士（tourist bus）、主要提供給觀光客搭乘的車種，皆為空調車；較普通的是一排四個座位的車種；豪華的則有臥鋪車，寬敞舒適，臥鋪隱密性也高，有

1|2|3

1.2 專門給觀光客搭乘的豪華大巴，往返各大觀光城市，亦有豪華臥鋪的選擇。3 上層是臥鋪、下層為座位的巴士，票價也不同。

1/2 | 3 | 4

1.2 印度當地巴士。3 公車上有車掌會詢問你的目的地後，再收費開票。4 巴士的購票證明。

單人或雙人鋪可選擇，如果是單獨旅行的話，可以在購票劃位時特別註明要單人的鋪位。豪華的觀光巴士通常不會比火車便宜，但是在旺季火車車票售罄時，也不失為一個好選擇。

如果要購買巴士票，建議直接至旅行社集中的區域購買，價格通常有一個公定的標準，不用擔心被坑錢，如果還是不放心的話，也可以多問個一、兩家比較一下。購票時，記得確認上車的地點。

◆ 公車：

觀光客一般較少使用印度的公車系統，主要的原因是很難找到清楚的路線資訊，因此總是不得其門而入。公車站往往是在不起眼的路邊一隅，沒有明顯的招牌，而車身上通常也只以當地文字標明目的地，除非得到當地人的協助，否則外國旅客很難知道應該要如何搭乘。但也並非全然不可行，因為印度的公車除了司機之外，還會有一名負責收票及招呼乘客的車掌，他們通常也都能以簡單英語溝通，因此只要告知車掌你的目的地，便能知道這台車是否會到達，車掌也會提醒你下車。在印度的公車上，會自動區分男女的座位區：女性都集中於車子前半部，男性則往後半集中。另外，印度的公車是可以找零的，若無自備零錢也一樣可以上車喔！

◆ 計程車：

大城市的機場和火車站都會有預付制計程車（Prepaid Taxi Stand），只要在櫃檯告知你要去的目的地，便會得到一張標明了公定車資的乘車號碼票。拿著號碼票至候車處等車，到達目的地後，也只要依照上面註明的車資付款即可，無須多付任何的費用，完全省去與司機議價或是討價還價的困擾，也不用擔心被坑了過高的車資。

除了預付計程車外，大城市中也會看到路邊隨招隨停的計程車，但多半是由司機直接喊價，無法以跳表計費，因此最好先向附近的店家詢問好大概的價位範圍，以免被獅子大開口。

1/2 1 加爾各答的計程車。2 班加羅爾的計程車。

印度的計程車會依照每個城市，而有不同的顏色及車型的規定，例如加爾各答和孟買，計程車是黃色或黑色，還帶有一點古董車風格喔！

孟買的計程車。

◆ **嘟嘟車**：

嘟嘟車是東南亞相當常見的機動三輪車，在印度也是最普遍的交通工具，這裡會稱為「Tuk-tuk」、「Auto」、或是「Rickshaw」。然而，就算車上設有跳表的裝置，但願意跳表計費的司機仍是少之又少，多半還是得先經過討價還價的過程。觀光區的嘟嘟車司機因為長年與外國遊客交手，多半相當油條老練，溝通過程得謹慎、避免不必要的糾紛。如在議價過程中，有的司機會堅持不說出價格，而是以四海皆朋友的溫情攻勢說：「Whatever you like, my friend ！（我的朋友啊，你想付多少就付多少！）」但是到了目的地之後，卻以各種理由爭執不休，絕對會打壞出遊的興致。因此千萬得在開車前先達到共識，若沒有結論則最好直接下車。

另有一種狀況，嘟嘟車司機會以相當便宜的價格（可能是 Rs. 100 甚或是免費）提供數個景點的半天市區導覽行程，但實際上除了談好的景點之外，司機其實是要帶你去紀念品店消費，因為只要能帶遊客去紀念品店，司機便能得到酬庸（當然若有購物則有更多的抽成）。若是時間充裕，不介意逛逛商品的話，

1|2
3

1.2 機動三輪車，俗稱嘟嘟車。
3 已逐漸消失中的人力車。

是可以考慮這種方式來遊覽城市風光，但如果自制力不夠、態度不夠堅定的話，往往會沒完沒了地被司機牽著走，不斷穿梭在商店間，反而沒有看到想看的景點，因此務必要謹慎考量。

◆ 人力車：

　　現今人力車多半已被機動三輪車所取代，唯有在加爾各答、德里等歷史大城市，及部分觀光景點，才會看到這種最傳統的人力載運方式。人力車的座位可以容納一至兩人，完全倚靠三輪車伕的體力、勞力行走於城市間，價格較嘟嘟車便宜一些。

C.
關於美食

飲食是體驗當地生活文化最直接的方式，而說到印度的飲食文化，便不能不談到香料。香料可以說是印度料理的靈魂精髓，各式各樣的印度菜餚都少不了辛香料，這是印度料理最重要的特色之一。

由於宗教傳統的因素，印度約有近一半的素食人口，即便是非素食者，也僅有少數人是固定性食用肉類。根據資料統計，印度是平均肉類食品消耗比例最少的國家，因此印度有相當多

1|2
1 香料是印度料理的精髓。2 在印度餐廳用完餐之後，侍者會端上一個小鐵盤，上面裝著一些香料和冰糖，同時附上結帳的明細。餐盤裡的綠色香料就是茴香，餐後咀嚼茴香，可以去除口中殘留的食物氣味，保持口氣清新，等於是口香糖的作用。

素食餐廳，一般餐廳皆會註明 pure vegetarian（純素食）或 non-vegetariann（非素食）。但即使是非素食的餐廳，一樣還是會供應素食餐點，且菜單上也會做明確的區隔。若在菜單或食物的外包裝上看到綠色正方形外框內的綠色圓點，即代表素食；若為紅色（或無標記）則是非素食。不過，在印度所指的素食是奶素和五辛素，意即不食肉類及蛋類，但仍會喝牛奶以及使用五辛香料，和我們台灣一般理解的宗教素不太一樣。

◆ 主食：

米飯類：

- 白米飯（Plain rice）：和我們在台灣吃的白米飯不同，較鬆、口感乾硬。
- 抓飯（Pulau）：以香辛料調味的高湯蒸煮而成，據傳最早是回教徒傳布至各地的。
- 印度香飯（Biryani）：同樣是以大量辛香料煮成的飯類料理，可以做成肉類的口味，如羊肉香飯（Mutton Biryani）和雞肉香飯（Chicken Biryani），當然也有純素的蔬菜香飯（Vegetable Biryani）。

餅類（一般通稱為 Roti）：

- Chapati：將小麥麵團以薄片雙面煎製而成。
- Naan：以發酵麵團、在印度傳統的土窯烤爐內烤製而成，外觀較膨脹，也常於內層夾奶油一同烤製，叫做 Butter Naan。

1 3 5
2 4

1 印度所販賣的食品在外包裝上一定會標記素食或非素食，綠色圓點代表素食。2 抓飯。3 Chapati 套餐。4 Naan。5 Parantha 看起來很像蔥抓餅，口感也十分相近。

Puri 套餐，餅皮搭配兩種醬料。

- Parantha：麵團一層層塗上酥油（Ghee）以煎烤的方式製成，口感類似我們台灣常見的蔥抓餅（但沒有蔥）。
- Puri：麵團下鍋油炸製成，呈空心圓球狀，口感酥脆。

◆ 咖哩：

咖哩是肉類或是蔬菜加上綜合辛香料一起熬煮而成的菜餚之統稱，由於內有多種香料，故口感通常帶些微辣，非常開胃。在印度幾乎每餐都少不了咖哩，用餐的基本搭配便是上述的主食（米飯及餅類）佐以數道咖哩一起食用。但是在印度所見到的咖哩，其實和我們概念中的咖哩，有那麼些不同。我們在台灣常見的咖哩是將各類蔬菜加上肉類煮成一大鍋的什錦咖哩，而印度的咖哩則是以單一蔬菜或單一肉類加上獨家調配的辛香料配方熬製而成，通常不會在同一份餐點中同時吃到兩種不同的蔬菜！另外，在印度餐廳的菜單上，不一定會看到「咖哩」（Curry）這個字眼，因為這些無論是蔬菜或是肉類的各式搭配主食的醬料，皆是以我們所謂的「咖哩」形式呈現，因此就不會特別再註明是羊肉咖哩（Mutton Curry）或馬鈴薯咖哩（Aloo Curry）喔！

在此簡列出一些在印度常見的蔬菜咖哩名稱：

- 馬鈴薯 Aloo
- 菠菜 Palak
- 秋葵 Bindi
- 花椰菜 Gobi
- 豌豆 Matar
- 茄子 Beigan

1 咖哩通常一道一道分別以鐵盤盛裝。
2 標準的印度餐食搭配：烤餅加上咖哩醬料。3 羊肉咖哩。

另外常見的還有 Kofta，是丸子的意思，將主要食材混入麵團製成丸子，再與香料一起熬煮成醬料，葷素皆有，例如 Vegetable Kofta 是蔬菜丸子，Chicken Kofta 是葷食的雞肉丸子。Paneer 則是印度起司，是牛奶製成的白色起司，在印度也歸類於素食料理。

◆ 輕食類：

Dosa：

以發酵的米糊混以扁豆粉，在鐵板上煎製而成，外型和口感類似我們台灣常見到的可麗餅，食用時通常搭配以 Sambar（綜合蔬菜燉湯）和 Coconut Chutney（辛香椰子醬），這兩種配醬都略偏辣喔！

1│2
1 Kofta 蔬菜丸子咖哩。2 印度起司 Paneer，圖中為串烤的烹調方式。

1 Dosa。2 Onion Dosa。3 Ragi Dosa。4 Water Dosa。5 Set Dosa。
6 左上為 Idli，右上為 Vada，下方是 Sambar 和 Coconut chutney 兩種配醬。

Dosa 還有不同的變化，例如：Masala Dosa 是在 Dosa 內包有香料炒馬鈴薯；Ragi Dosa 製作時添加了 Ragi（穇子，一種產於南印度、營養價值相當高的穀類）；Paper Dosa 則是比盤子還要大的 Dosa；Onion Dosa 則是和洋蔥碎末混合後煎製；Water Dosa 是白色的薄皮，吃起來有微微濕潤的口感；Set Dosa 則是像美式鬆餅般鬆軟的 Dosa。這些都是在南印度相當常見的料理，全天候都有供應，但多作為早餐或是午後的輕食。

Idli 和 Vada：

Idli 是白色圓形的米製蒸糕，口感微酸；Vada 是甜甜圈狀的炸麵團，因為製作時常會加入咖哩葉、洋蔥、辣椒、黑胡椒等調味，口感微鹹。如同 Dosa 一樣，食用 Idli 和 Vada 時也會搭配 Sambar 和 Coconut Chutney 一起食用。

Savige Bath：

加上蔬菜及各類辛香料的炒米粉，是南印度著名的輕食料理，餐廳通常會在早上及中午時段供應，口味跟台灣的炒米粉頗類似喔！不妨就當成咖哩炒米粉來享用吧！

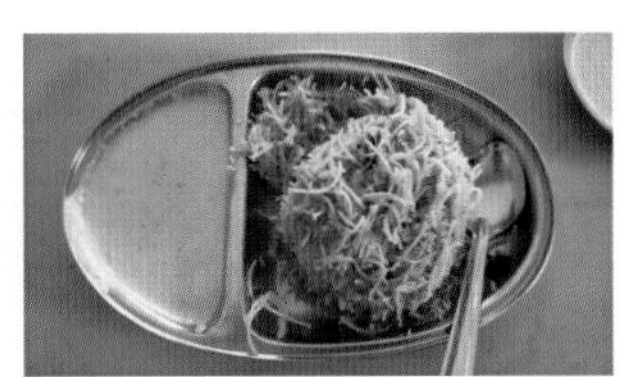

1 印度炒米粉。
2 Chow Chow Bath。

Chow Chow Bath：

由一甜一鹹不同口感的兩球糕點組成的一道料理，甜的為 Kesari Bath（Halwa），鹹的為 Khara Bath（Upma），口感偏辣，兩者都是由粗粒小麥粉製成，也可以分開單點。

◆ **肉類：**

印度的肉類料理以雞肉和羊肉為主（印度教徒不吃牛，回教徒不吃豬，信仰這兩大宗教的人占了印度人口的絕大多數，所以一般餐廳很少有這兩種肉類的料理），沿海的城市也會有魚、蝦等海鮮類的選擇。

一般餐廳菜單上所見的肉類料理，如 Chicken Masala、Butter Chicken 等等，都是肉類和香料烹煮而成的咖哩醬料，以辛香料的不同搭配變化出不同的口味。如果看到 Tikka 這個字，是指塊狀或片狀的意思，如魚片（Fish Tikka）、雞塊（Chicken Tikka）。

肉類料理中相當出名的坦都烤雞（Tandoori Chicken）是在印度傳統式土窯中製成的燒烤料理，可以選擇全雞或半雞的分量。從五星級餐廳，乃至於一般大眾的平價餐館，坦都料理都是不可或缺的葷食菜色喔！另外，路邊餐館也可以見到如台灣夜市裡的沙威瑪（Sharvama）的中東風味雞肉捲，搭配特調醬料，相當美味。

◆ **塔利套餐（Thali）：**

若是面對菜單上五花八門的菜色而不知該從何取捨時，不妨就點一份經濟又實惠的塔利套餐吧！塔利通常以鐵盤或是更天然環保的蕉葉盛裝，由米飯和一至兩種餅類、湯品、酸奶、醃漬物，及三至五道不同口味的咖哩醬料組成，有的也會附甜點，主食和配料都可請服務生再添加，保證讓你吃到飽！一般的塔利套餐是素食的，如果標明是肉類的塔利，則仍是以素食的配料為主，另再加上一份肉類料理。

塔利套餐。

1 沿海的城市多會供應海鮮咖哩。
2 坦都烤雞，搭配生菜和洋蔥食用。
3 奶油雞是相當知名的一道料理。
4 平價餐館的坦都料理。
5 中東風味的沙威瑪雞肉捲。

◆ **中式&西藏料理：**

在印度餐廳的菜單上有「標榜」著中式料理（Chinese Cuisine）的菜色，儘管口味有些許類似，但當然還是跟真正的中式料理有所差距啦！這些所謂的中國菜不外乎：Chowmein（炒麵）、Chopsuey（廣式炒麵）、Fried Rice（炒飯）、Chilly Chicken（辣味雞）等等。還有一道在很多餐館都可以看到的Gobi Manchurian（滿州花椰菜）的料理，可以說是「印度式中國菜」的經典代表，作法是將花椰菜裹了麵團後下鍋油炸並以洋蔥、大蒜、辣醬等調味。這道菜當然不是傳統的中式料理，據傳是由一群僑居在加爾各答的華人所發展出來的。

藏人流亡印度，在印度落腳生根，當然也帶來了傳統的藏式料理。在許多餐廳或是小攤都有賣momo（西藏餃子或包子），

1 印度菜中的醃漬物。
2 印度的中式炒飯。
3 西藏餃子

1 咖哩角。
2 Pani Puri。
3 印度有各式各樣的街頭小吃。

多以蒸煮的方式料理，如無特別標明，則都是素食。

◆ 街頭小食：

印度豐富而多彩的飲食文化，當然也呈現在種類繁多的庶民街頭小吃之上！只要你勇於嘗試，用少少的價錢，就會為你的味蕾帶來新奇而難忘的體驗！在此列舉最常見的幾種街頭小吃：

咖哩角（Samosa）：

三角形的炸物，裡面的餡料有馬鈴薯、洋蔥、豆類、辛香料等等，搭配薄荷綠醬一起食用，更為美味！最早起源於中東，現在已成為東南亞各地相當著名的街頭小食。

1|2
1 炸蔬菜 Pakora。
2 Masala Puri Chaat。

Pani Puri：

將 Puri（油炸的空心小圓球）挖洞開口，放入馬鈴薯泥、鷹嘴豆、生洋蔥等配料，最後淋入辛香調味的辣椒水，一口食用。

炸蔬菜（Pakora）：

將常見的蔬菜如洋蔥、辣椒、茄子、馬鈴薯、菠菜、花椰菜等切片裹上麵粉，再放入大油鍋中酥炸而成的點心，不僅是街頭常見的小點心，在餐廳中也會被拿來作為開胃菜。

Masala Puri Chaat：

Chaat 的意思即為街頭小吃，而 Masala Puri Chaat 則是將 Puri 搗碎之後，以酸奶、辛香椰醬、生洋蔥、碎番茄、香菜、鷹嘴豆等拌勻，鹹香酸甜混合的滋味，加上酥脆口感，令人難以忘懷。

◆ 飲品類：

香料奶茶（Masala Chai ）：

奶茶可說是印度的國民飲品，不論早晚或是三餐飯後，任何時刻皆可來上一杯香濃現煮的印度奶茶！以紅茶、鮮奶、綜合香料（Masala）以及糖一同煮沸而成，從大餐廳到路邊小攤，皆能喝到這既傳統又經典的印度味。

酸奶（Lassi）：

印度酸奶就是我們常喝的優酪乳，通常會加入鹽或糖做基本的調味，變成鹹味酸奶（Salted Lassi）或是甜味酸奶（Sweet Lassi），也有加入各種新鮮時令水果放入果汁機內一起打勻的水果口味酸奶，如蘋果酸奶（Apple Lassi）和葡萄酸奶（Grape

1|2|3 1.2 印度奶茶。
3 路邊販賣酸奶的小販。

Lassi）等等，而香料酸奶（Masala Lassi）則是加了辛香料調味，酸酸鹹鹹帶點辛辣的口感，相當特別。

新鮮果汁：

新鮮水果現打的果汁，在印度常見的水果有：橘子、葡萄、芒果、西瓜、萊姆、蘋果、鳳梨、芭樂，也有混合牛奶一起打成汁的水果，如：木瓜牛奶、酪梨牛奶、香蕉牛奶，以及季節性的草莓牛奶。

除了果汁之外，也有路邊的現切水果，但是還是提醒大家要注意衛生問題喔！

椰子：

路邊的現剖椰子也是在熱帶南國必嚐的水果之一，小販會當場剖開椰子，讓顧客插上吸管飲用，清涼退火。喝完之後，交給小販對半剖開，再從中削出一片椰殼當成湯匙，用來刮裡

1/2 | 3 | 4

1 現切水果攤。2 常見的現打果汁小鋪。3.4 清涼退火的椰子，記得椰肉和椰子水一起享用喔！

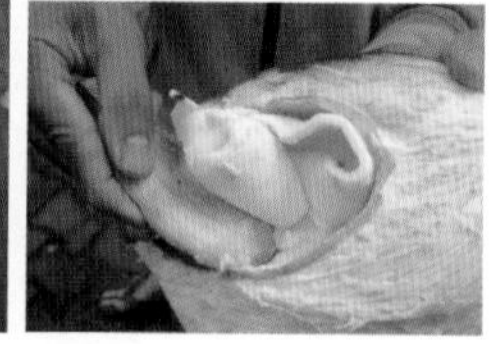

面的椰肉吃。椰水性寒，若擔心因此身體不適，就試著椰水與椰肉一同食用！

如果腸胃還不太能適應印度的飲水，或對其有顧慮的話，建議還是盡量避免飲用生冷的酸奶或果汁，畢竟在製作過程中還是摻有冷水或冰塊，較不能確保衛生問題。但相對地，奶茶則是煮沸過的，可以較安心飲用。

1 攤販正在炸一整鍋的 Jamun。2 Jamun 不只是街頭小吃，也是高級餐廳裡的甜品。
3 Soanpapdi。

◆ 印度甜點：

印度人嗜甜，奶茶、咖啡這類飲品中必定加入大量的糖，而甜點店裡羅列五花八門的各類甜點，更讓人眼花撩亂、嘆為觀止。以下是一些常見到的印度甜點：

Gulab Jamun：

以牛奶、香料混合揉製的麵團，油炸後置於糖漿中浸泡數小時，溫熱食用，風味更佳！

Soanpapdi：

正方形塊狀甜食，鬆脆香甜，口感近似我們的龍鬚糖，也有點薑糖的香味。

Burfi 或 Barfi：

以濃縮牛奶和糖熬煮而成固體的甜點，加以香料、水果或堅果類調味。

Jaangiri：

麵團油炸後浸置於糖漿中，呈圓圈狀或類似蝴蝶卷餅（Pretzel）形狀的金黃色點心，是人氣很旺的甜點之一！

法魯達（Falooda）：

外觀看來相當華麗的法魯達，是在蒙兀兒帝國時代由波斯傳入印度的一種甜點冰飲，演變至今成為廣受歡迎的花式印度甜品。主要的成分是玫瑰糖漿、麵線、洋前車子（一種印度藥草）、小粉圓、吉利丁片、牛奶等等，最後上面還會加上一球冰淇淋、鋪上綜合水果或是巧克力米等等裝飾。

1/2 | 3 | 4 1.2 甜點店陳列櫃中總是少不了各式各樣口味的 Burfi。3 剛炸好的 Jaangiri。4 法魯達。

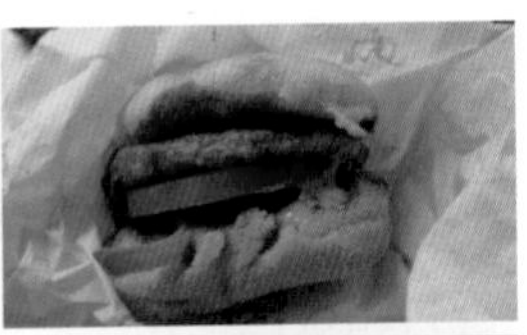

1｜2｜3/4 1 印度麥當勞。2 印度肯德基推出的辣味起司堡。3 印度麥當勞推出的香蔬薯餅堡。4 速食店的餐食包裝紙上也有標示素食及非素食。

◆ 其他值得一試的印度飲食：

國際連鎖速食店在印度推出的素食餐點：

印度較大的城市也有麥當勞、肯德基、賽百味（Subway）這類的國際連鎖速食店，因應當地風俗民情，除了在包裝上都會註明素食或非素食之外，也推出了只有當地才有的素食餐點喔！例如：蔬食漢堡、香蔬薯餅漢堡、辣味起司堡、香料調味的 Masala 漢堡等等新奇的口味，相當值得一試！而在其他國家菜單上某些經典的餐點，如：麥當勞的招牌大麥克堡，則因為使用了牛肉，所以不會出現在印度的麥當勞！速食店裡常見的非素食餐點為蛋、雞肉、魚肉。

印度麥當勞官網：http://www.mcdonaldsindia.com/

印度肯德基官網：https://www.kfc.co.in/

印度賽百味官網：http://www.subway.co.in/

1 路邊小店的現炸薯片。2.3 印度當地品牌的零食。
4 印度特殊口味的洋芋片。

炸薯片：

雜貨零食小鋪以傳統的大油鍋現炸的香脆薯片，口感很紮實，並以印度香料調味，增加味覺的層次。除此之外，超市或雜貨店可以找得到樂事（Lays）洋芋片在印度限定推出的特別口味，如：Masala、Lime Pepper 等等，零食控不可錯過！當然也有許多當地品牌推出的各式各樣吃起來卡哩卡哩的零食喔！

各式新奇調味的甘蔗汁：

印度路邊攤販有以傳統手動的榨汁器具打出的甘蔗汁，但因為食材及製作過程都暴露在路邊，難免有衛生的考量而不太敢飲用。但可以嘗試使用新穎的榨汁設備的小攤，甘蔗是從冷藏庫取出，再放入密閉式的機器打成汁，過程相當衛生乾淨。更有趣的是還有各種口味的選擇：萊姆、薑汁、Masala、黑胡椒等等，這些新奇的搭配，有意想不到的奇妙口感喔！

調味汽水：

路邊小販將罐裝蘇打水，加以香料及現榨新鮮萊姆汁，調和成口味獨特、甜中帶鹹、又夾雜著萊姆清香的氣泡水，即使在旁邊觀看製作的過程也相當有趣！

印度的西式連鎖咖啡店 Coffee Day：

Coffee Day 是印度本地連鎖的西式咖啡店，可以號稱是印度星巴克，在各地最熱鬧的地點都能見到它的蹤跡。店內的裝潢新穎明亮、配色鮮豔活潑，讓人感覺很舒服；菜單從濃縮、拿鐵、卡布奇諾，到花式的咖啡冰沙、各類的甜點、鹹食，應有盡有，甚至也推出了自有品牌的咖啡杯、隨行杯、濾掛式咖啡包等等，當然價格也肯定是比一般傳統型店家貴上許多！

1 甘蔗汁小販。
2 賣汽水小販。
3.4.5 裝潢如西式連鎖企業的 Coffee Day。

D.
關於服裝 /

即使在印度相當先進且西化的城市中，傳統的印度式穿著仍隨處可見，特別是印度女性，僅有少數年輕女孩會穿著現代的時裝，其餘大多數仍以傳統的紗麗或是印度式褲裝為主；男性則有較大的比例穿著西式服裝，如 T-shirt、牛仔褲、休閒褲等等。在此列舉一些常見的印度傳統服裝。

◆ 紗麗（Saree）：

紗麗是印度傳統的女性穿著，各省邦地區的紗麗有各自的特色，但基本形式則是類似的：先穿上中空的上衣和長襯裙，再由一塊色彩亮麗鮮豔有著精美刺繡的紗麗布料，自腰部圍繞成筒裙狀，最後再將末端斜掛至肩上，腹部若隱若現裸露出來，呈現女人略帶神祕又婀娜多姿的韻味。紗麗可以是正式場合的著裝，同時也是日常生活的穿著，女性不分階層都會穿紗麗，而從紗麗的華麗、新舊、質料，會透露出其身家背景與社經地位。

◆ Shalwar Kameez：

印度式套裝，褲裝的形式較紗麗更為輕便、好行動，男女的款式皆有，可以說是印度最普及的服飾，在寶萊塢電影中也常會看到女主角穿著這樣的服飾喔！ Shalwar 是腰部以下寬鬆、腳踝束緊的長褲；Kameez 是長版上衣，兩側從腰部下方後開岔，增加活動的方便性。男生的 Kameez 多以素色為主，女生的 Kameez 除了素色之外有更豐富的色彩、刺繡和圖騰的變化，穿著時通常還會搭配同套的長圍巾，這種長圍巾叫做 Dupatta。

◆ **Churidar Kurta**：

同樣是套裝的形式。Churidar 是 Shalwar 的一種，腰部至膝蓋都是寬鬆的設計，版型從小腿度開始束緊（Shalwar 是只有腳踝處是束緊的），Kurta 則是及膝的長版上衣。

◆ **Sherwani**：

印度男性在正式場合所穿著的立領長版外套，下半身通常搭配合身的長褲或是 Churidar。作為禮服用的 Sherwani 通常會加以金、銀的刺繡圖騰，看起來精緻而華麗。

印度男性所著的正式服裝 Sherwani，以上等的布料製成。

◆ **Lungi**：

這是傳統印度男性的裙裝，即為我們一般所熟知的沙龍（sarong），由一塊布料圍綁在腰際，長度及膝或至足踝，在天氣溼熱的南印度很常見。

1 | 2
3 | 4 | 5

1 左一女孩穿的褲子即是 Shalwar，左二女孩穿的是 Churidar，右二男性圍著 Lungi。2 圖中男性穿著長至腳踝的 Lungi，婦人則是穿著簡便型的紗麗。
3.4.5 男性一般工作時也會穿著 Lungi。

E.
關於購物 ／

◆ **印度風手工飾品：**

印度的各類裝飾品以華麗的色彩和豐富的圖騰見長，走進紀念品店，只見琳瑯滿目各式各樣的掛飾、壁毯、枕套、信插（掛在家中牆上，可以放信件的掛飾）、地墊等應有盡有，讓人目不暇給。而各種大小的布包、小錢包、購物袋，讓你可以現買現用，把印度風帶在身上走。尤其明亮大膽的配色、幾何花朵或是動物的圖案，不乏亮片、彩色珠珠等綴飾，更添華麗感。

◆ **印度傳統服裝：**

熱鬧的市區或觀光區會有販售紗麗的專門店，紗麗的價格範圍很大，根據材質和設計，從數百元起，到讓人意想不到的天價都有。紗麗是最能展現印度女性風情的經典傳統服飾，雖然華麗精緻的紗麗讓人愛不釋手，但是紗麗的穿著方式有一定的技巧性，而且對於大多數人來說，回國後能夠實際穿到的機會實在是少之又少，所以下手前務必要保持理智思考！

除了紗麗之外，若真的想要添購有當地風情的服裝，可以考慮 Kurta 或是 Kameez 這樣的長版上衣，既具有濃濃的印度風，而且款式簡單大方、活動性高，即使不搭配印度傳統的寬鬆長褲（Shalwar 或 Churidar），改搭配牛仔褲、緊身褲或是 legging 內搭褲，都很適合，相當實穿！

HARE KRISHNA HANDLOOM
5084, MAIN BAZAR, PAHAR GANJ, NEW DELHI-110055

印度飾品店。

另外，遊客聚集的觀光區的紀念品店或服飾店，會賣一種類似飛鼠褲的寬鬆褲子，男女皆宜，有各式豐富的色彩圖樣可供選擇，但這其實並不是印度的傳統服飾，印度人也鮮少穿這樣的褲子，可以說是專門賣給觀光客的。由於寬鬆的版型穿起來輕鬆舒適又通風，很適合在印度旅行時穿著，價格也不高（大約數百塊盧比），因此在觀光客中也相當流行。

◆ 喀什米爾羊毛圍巾：

印度北方的喀什米爾是世界知名的高級羊毛產區，出產的羊毛製品輕柔保暖，在市場上價格不斐，但在產地印度的售價則相對便宜，成為來到印度必買的名產之一。相較於衣服有版型尺寸的問題，圍巾則是人人適用，也是最受歡迎的伴手禮。喀什米爾圍巾有原色的、各種染色的、也有加了繡工圖案的，根據羊毛成分比例、羊毛等級和製作，各有不同的價位。由於相對於一般的小玩意或紀念品，高檔的圍巾在當地算是高單價商品，購買挑選時還是要謹慎三思喔！

1/2/3 1.2 印度傳統服飾店。
3 喀什米爾高山羊絨。

◆ 香料：

印度自古以來便以香料王國著稱於世，從地理大發現開始，香料便是印度海上貿易的大宗；而今日的我們來到了印度，怎能錯過這個最具有「印度味」的東西呢？

走入香料店，放眼望去從地面到櫥櫃的層架上，盡是琳瑯滿目的各類香料，若非對香料已有研究，否則實在也不知該從何下手！建議可以買所謂的綜合香料（Masala），這是由店家調配好比例、並磨製成粉的，根據不同用途有分不同的 Masala 喔！有煮茶用、蔬菜料理用、燒烤肉類用、烹煮肉類用等等。

◆ 薰香：

把印度的味道帶回家的另一種紀念品是薰香，塔香或線香都是很常見的形式。點燃薰香，除了讓神祕的印度氛圍瀰漫周

1|2　1.2 市場內的香料鋪。

薰香鋪。

遭，還能沉靜心靈、穩定情緒，更有淨化的功用。也可以搭配印度風格的銀製薰香座台一起購買，好好挑選自己喜歡的味道吧！

◆ 草本美體用品：

印度古老的阿育吠陀經典裡，包含了許多天然草藥植物運用的智慧，來達到身體自然的平衡狀態，阿育吠陀療法和我們中醫一樣，是歷經了五千年的歷史，仍能屹立不搖的醫學理論。

印度的幾個草本美妝美膚品牌，即是本於傳統阿育吠陀的智慧精髓，加以現代化的科技，製成天然溫和的美體用品，以高貴不貴的價格，提供給廣大的消費者。如：Biotique、Lotus

Herbals、Himalaya 這些品牌。像 Biotique 的水洗式面膜、蜂蜜泡沫洗面乳，以及 Lotus Herbals 的防曬乳、洗面乳，還有 Himalaya 的護唇膏、牙膏、苦楝樹洗面膠，都是熱賣的明星商品喔！這些品牌皆設有直營門市，但若所在區域沒有直營店的話，其實一般的超市甚至小店也都有銷售部分的商品。

Himalaya 草本美膚品的實體店面。

Biotique：http://www.biotique.com/

Lotus Herbals：http://www.lotusherbals.com/

Himalaya：http://www.himalayherbals.com/

◆ 印度精品服飾品牌：

Fabindia 和 Anokhi 是兩個印度相當知名的精品服飾品牌，以高級訂製服的概念，融合印度傳統服飾的元素，設計出具有印度風味、同時適宜各種場合的穿著。除了服飾之外，也有床組及其他家飾品。Anokhi 更是以美麗的印花染色著名！雖然售價相對較高，但款式脫俗，品質也很有保證。

Fabindia：http://www.fabindia.com/

Anokhi：http://www.anokhi.com/

F.
關於慶典⁄

如果你喜歡熱鬧、喜歡探索與體驗地方人文民俗，那麼你絕對不能錯過印度精采繽紛、熱力四射的慶典活動！印度一年四季的大小節慶，不論是全國性或地方性，都能讓置身其中的人感受到那股充滿熱情與活力的狂歡氛圍！盛大的慶祝活動通常一連數天而進行，除了印度人視之為一年一度的重要大事之外，更吸引了世界各地的旅客前來，如果是全國性的大祭典，假期前後的交通票券與住宿可以説是一位難求，如果有興趣要安排參與或觀賞慶典的話，務必要及早安排規劃！

宗教深植於印度的日常生活與文化中，因而傳統祭典多帶有印度教神話色彩。一年到頭的各類大小慶典，多到不勝枚舉，在此介紹的是印度最大規模的三個祭典。

1|2 1.2 熱鬧的節慶遊行隊伍。

◆ **Holi（五彩節）：**

每年二月或三月的春分時刻，即是印度傳統新年，人們慶祝春天來臨，一元復始、萬象更新，是一個舉國盡情歡騰的節慶！在這一天，不分種姓、不分階級，所有的人都走上大街，或拿著彩色粉末、或拿著調了顏料的各色水球、水槍，肆意互相噴灑，每個人的臉上、身上都是五彩的顏色，好不瘋狂歡樂！

◆ **Dussehra（屠妖節）：**

每年十月上旬左右的慶典，慶賀印度著名史詩《羅摩衍那（Ramayana）》中的主人翁羅摩（Rama）戰勝了十頭惡魔羅瓦納（Ravana），或是杜爾迦女神（Goddess Durga）戰勝了水牛化身的惡魔（Mahishasur），皆是象徵正義與光明征服邪惡的一方。

全國連續十天的假期，在各地城鎮都有屠妖節的慶祝活動：如將史詩故事的精采橋段，以傳統戲劇形式搬上舞台表演，或是遊行、晚會等等。晚會的高潮在於放火燒掉紙製的巨型惡魔模型，代表消滅了邪惡的勢力。南印度的邁索爾尤以繞行邁索爾皇宮的遊行慶典最為著名，每年都吸引各地人潮前往觀賞這個全印度規模最盛大的遊行隊伍。

◆ **Diwali / Deepawali（排燈節，光明節）：**

在每年十月下旬的新月之日，即屠妖節過後三週。關於這

1|2
1 五彩節時，人人都互在對方身上塗抹上各種色彩，作為迎接新年的慶祝！
2 五彩節前夕，沿街的攤販便開始販賣各種色粉、水槍等等，為五彩節的狂歡做準備。

屠妖節的高潮便是將這巨型的惡魔模型點火燃燒，象徵戰勝了邪惡力量。

個節日的由來有很多說法，其一是為了迎接羅摩國王在十四年的流亡監禁之後，終於戰勝惡魔而回到故鄉，另有一說是為了慶賀吉祥天女（Lakshmi）與毗濕奴（Vishnu）的大喜慶典。但無論如何，這都是個歡欣鼓舞、象徵了光明與希望的重要節日！

從新月之夜開始接連五天，全國家家戶戶都會在家門前畫上色彩繽紛的幾何花朵圖形（Rangoli），夜晚時點上燭火或掛上燈籠，放眼望去，暗夜中連綿一整排的燈火，讓排燈節成為印度最美麗浪漫的節日！為了迎接排燈節，家家戶戶會在之前清掃以及除舊布新，並為家人添購新衣或互贈禮品，與親朋好友歡聚一堂，然後在晚間施放煙火鞭炮來慶祝，就如同中國的農曆新年一般！

G.
關於人文體驗

◆ **瑜珈課程**：

瑜珈起源於印度，是讓身心靈達到平衡狀態的古老智慧，現今大眾所了解的瑜珈，乃是透過體位法的練習，學習控制呼吸與心智，回歸心靈的平靜與自在。有許多人不遠千里從世界各地前來印度，為的是在發源地學習最正統的瑜珈，然而，即使只是旅遊到此地，也可以擁有一次原汁原味的印度瑜珈體驗！

印度各個主要城市都不乏有提供觀光客短期課程或單次課程的瑜珈教室，而度假勝地（如：果亞）或者靈性氛圍濃厚的聖城（如：瓦拉納西、德蘭撒拉）則有更多瑜珈教室聚集。北印的瑜珈之都——瑞斯凱詩是以瑜珈為主要活動的城鎮（見P.168）；南印的邁索爾，因為是阿斯坦加瑜珈（Ashtanga Yoga）派別的發源地，瑜珈學校也遂在此聚集並蓬勃發展；西印度的普那（Pune）則是另一個當代主流瑜珈派別——艾揚格瑜珈（Iyengar Yoga）的總部，同時，頗負盛名的奧修國

阿斯坦加瑜珈的練習教室。

際靜心村（Osho International Meditation Resort）也在此。

◆ 阿育吠陀式古法按摩：

阿育吠陀是世界上最古老的醫學體系之一，它也是一種生活態度和智慧。不同於西醫的快速與效率，若要接受正統阿育吠陀療法，需要經過審慎的問診（包含過往的生活經歷、生活習慣、個性想法等等），醫生評估後才能判斷需要怎樣的療程，而一套完整的療程通常也須持續最少七天以上。

如果沒有充裕的時間，或只是想略窺阿育吠陀的奧妙，可以體驗阿育吠陀式按摩。在印度一般的美容中心（Beauty Center）、飯店或是 SPA 中心，幾乎都會提供阿育吠陀按摩，但標榜純正阿育吠陀的按摩中心，甚或是專業阿育吠陀醫學院附設的療法中心，則更為專業。阿育吠陀按摩一般是全身從頭到腳的油壓，使用大量的天然植物油，按摩技師以純熟的手法一一舒緩身體各部位，並針對穴位給予適當的按壓。如果不做全身按摩，也可以選擇特別部位，都是相當舒服的體驗，也是旅程中可以放鬆身心的一個方式喔！

◆ 手足彩繪（Henna 或 Mehndi）：

Henna 即為指甲花，生長於熱帶乾旱地區，含有天然的染料分子，普遍被用來作為頭髮、皮膚、指甲的染色劑。以指甲花為原料的手足彩繪在北非、阿拉伯半島、南亞等盛產地區，皆有古老的歷史。

美麗的手部彩繪。

在印度傳統習俗中，新嫁娘在手腳上繪製繁複細緻的Henna（又稱 Mehndi）手足彩繪，是給予婚禮與家庭最盛重的祝福，而且 Henna 的顏色越深，便越能得到丈夫與夫家的疼愛。Henna 除了用於婚禮上，也廣泛使用在各種慶典的場合，多為女性所使用，使自己看起來更美麗吸睛。

Henna 是天然的染料，只在我們肌膚表面的角質層顯色，並不會侵入皮膚造成傷害，可以安心使用。Henna 剛開始畫上去時呈深褐色，顏料會慢慢滲入角質層上色，經過半個小時風乾之後，乾硬掉的顏料表層會從肌膚上剝落，這時留在皮膚上的圖案呈淺淺的橘紅色，但再過一、兩天之後顏色便會逐漸加深至褐色。隨著角質層自然的新陳代謝作用，Henna 的顏色會逐漸淡去，一般來說，約可以維持兩週左右，但若特別容易出汗、或是有從事水上活動，較長時間浸泡在水中的話，可能會加速顏色褪去。

一般遊客較多的觀光區，會有小店甚或是路邊就地擺設的 Henna 攤位，讓你可以體驗這項印度的傳統彩繪藝術。Henna 畫師通常會準備好許多照片樣本，可以讓你選擇，而計價方式主要是以面積大小計算，如果是複雜度較高的圖案也可能加價，最好在作畫之前先確認好要畫的範圍及價格，以免不必要的糾紛喔！

◆ 印度料理烹飪課程：

除了品嚐印度地道的傳統料理，也可以親身走入印度人家的廚房、體驗學習印度料理的烹飪過程喔！不須特別尋找專業

1|2|3

1 香料是印度料理的精髓，圖為每個廚房裡不可或缺的綜合香料盒。
2.3 家庭烹飪教室。

卡塔卡利舞表演。

的烹飪學校，很多家庭式餐廳、印度寄宿家庭都會設計提供基礎的印度料理課程給想要親自動手做的遊客。留意餐廳、青年旅舍、背包客棧的公布欄訊息，或是主動詢問各家餐館，便可以得到相關訊息。

◆ **印度傳統舞蹈**：

傳說中，印度舞蹈最早的起源是對神的獻祭，印度信仰三大神祇之一的濕婆神，便被尊為舞蹈之神，祂的神像或圖像總是以曼妙舞姿出現。舞蹈除了作為一種藝術形式之外，有更深層的宗教意味！印度舞蹈在不同地區發展成不同流派，在四大古典舞蹈以外，又有各具特色的民間舞蹈。

總的來説，印度舞蹈的特色是以豐富而誇張的肢體動作、眼神、面部表情，將劇中主角的內心世界表露無遺，光是繁複的手勢變化便有數十種，再配合身體其他部分表現的動作，組合便不可勝數！舞者的服裝和配飾更是以華麗取勝，手鐲、腳鐲是不可或缺的配件。印度舞蹈多取材自印度古典神話故事，如史詩《羅摩衍那》、《摩訶婆羅多》便是經典且歷久不衰的題材。

南印喀拉拉邦以四大古典舞蹈之一的卡塔卡利舞（Kathkali）著名，省邦各個城鎮幾乎都有卡塔卡利舞蹈的表演，舞者清一色為男性。妝容在卡塔卡利舞的表演中是很重要的元素之一，而化妝技巧本身也成為一種藝術的欣賞，通常在戲劇表演開始的前兩個小時即會開放觀眾入場，觀看舞者上妝的過程細節。

◆ **寶萊塢歌舞電影**：

古典舞蹈或民俗舞蹈演變到近代、也聞名於世界各地的最佳代表，即是寶萊塢的歌舞電影。俊男美女的組合、高潮迭起的劇情、加上唱作俱佳的歌舞表演，娛樂效果十足！印度的寶萊塢每年電影產量超過上千部，居於世界之冠，是全球最大的電影產業之都。電影是印度的全民娛樂，有機會的話，不妨撥個時間到印度的電影院，享受一場充滿歡笑的娛樂饗宴吧！

印度城市裡新建的電影院都相當新穎且現代化，設備不輸台灣，但價格僅約五分之一！如果是在冷門的優惠時段，價格

1/2|3 1.2.3 印度的電影院。

還會有折扣。除了寶萊塢電影以外，也會有全球同步上映的好萊塢熱門片，不過不論是英語發音、或是印地語發音，都沒有字幕。然而即便如此，光是欣賞寶萊塢歌舞的視覺與音樂饗宴，便也值回票價。順帶一提，印度電影的片長通常都將近三個小時，因此放映時習慣會有十五分鐘的中場休息。

◆ 志工服務：

奉獻回饋的志工服務也是一項特別體驗，在印度，有許多大大小小的非營利機構都需要志工來協助作業，之中歷史最為悠久的便是曾獲諾貝爾和平獎的德蕾莎修女所創辦的仁愛之家（Mother House），發源地和總部位於加爾各答。仁愛之家的志工服務，不須提早書面預約，抵達當地後再至辦公室登記、與修女進行面談、分發工作等事宜，登記報到時間是每週一、三、五的下午三點，細節可參考機構網站：http://www.motherteresa.org/。

德蕾莎修女是加爾各答最有名望的人，她一生為人群奉獻的善行，至今仍備受眾人懷念。

自助遊印度一點都不難！

A. 行前準備

B. 文化民情大不同

C. 調適心態去印度

D. 旅遊印度的注意事項和安全問題

E. 女性旅人必讀

A.
行前準備 ∕

每趟精彩難忘的旅程都是從行前準備就展開了，而越完善的行前準備，越能讓我們在出發上路時勇氣十足、信心滿滿！儘管各種有關印度的負面新聞和網路流言讓大眾總覺得到印度旅遊不太安全，然而，只要我們對這個國家建立了正確的基本認識、了解前往當地旅遊的重要須知，再進一步地深入風土民情，明白文化風俗的殊異及禁忌事項，做好充足的行前準備，就可以安心出發、不需要無謂的擔憂害怕。

◆ **國家基本資料**：

正式國名	印度共和國　Republic of India
國旗	
政治體系	聯邦共和國
面積	約 317 萬平方公里
經緯位置	北緯 6 度 44 分至 35 度 30 分、東經 68 度 7 分至 97 度 25 分之間
人口	十三億一千萬人（僅次於中國，為世界人口第二多的國家）（2015 年統計資料）
語言	官方語言為印地語（Hindi）和英語，另有二十一種地區性主要語言，以及其他一千多種使用中的方言
民族	以印度雅利安人（Indo-Aryan）和達羅毗圖人（Dravidian）為主

宗教	印度教徒約占八成，其次為回教徒（占一成多），其他主要宗教還有基督教、錫克教、耆那教、佛教等等
首都	新德里（New Dehli）
貨幣	印度盧比（Rs）/ NTD 1 約等於 Rs. 2 （2015.11）
電壓	220V，插頭為圓頭兩孔或三孔
時差	比台灣慢 2.5 個小時
國際冠碼	+91

◆ 簽證：

持有台灣護照的旅客入境印度須辦理簽證，觀光簽證分為電子簽證和一般簽證，申辦規定及程序分別如下：

電子簽證（e-Tourist Visa）：限用於停留三十天以內的單次進出，至少須於預計入境印度的前四天於線上申請，費用為 USD 60。申辦注意事項如下：

- 上網填寫申請表格（https://indianvisaonline.gov.in/visa/info1.jsp），須上傳背景為白色的彩色近照及護照上的個人基本資料頁。
- 於線上使用信用卡繳交申請費用 USD 60，該費用一旦繳交便不予退還。
- 電子簽證僅限於德里、孟買、加爾各答等十六個指定機場入境，但可以於任一設有移民檢查據點（Immigration Check Post）的地點出境。
- 旅客最多可於一年內以電子簽證入境兩次。
- 旅客於印度旅遊期間需要隨時攜帶電子簽證的影本以供備查。

� 電子簽證的效期為自抵達印度之日起三十天內有效。

其他注意事項請參閱網站說明：https://indianvisaonline.gov.in/visa/tvoa.html

一般簽證：為六個月內多次入境，觀光簽證費用為新台幣1,300元，申辦細節程序如下：

� 至印度台北協會網站（https://www.india.org.tw）連結至簽證申請表線上填寫系統（https://indianvisaonline.gov.in/），於線上填寫申請資料，並務必記得上傳正方形尺寸的個人彩色大頭照。

� 儲存並列印申請表，貼上個人彩色大頭照（5cm×5cm）

� 於資料上傳後一個月內，備妥護照正本、國民身分證影本、申請表格（已張貼個人彩色大頭照）至印度台北協會櫃檯繳費，簽證收件時間為上午9：30～12：00。

� 隔日下午即可取件，取件時間為15：30～17：15。

＊如不克前往印度台北協會，簽證申請之送件與取件，皆可託人代辦。

◆ **機票**：

目前直飛的選擇僅有華航的台北到德里航班，飛行時間六小時十五分鐘，是最為快速的選擇；其餘航空公司皆須經過至少一個轉機點再轉往印度各大城市，飛行時間加上候機時間，往往需要十多個小時以上才能抵達目的地。

- 直飛：中華航空（台北到德里）
- 國泰航空（經香港）
- 泰國航空（經曼谷）
- 馬來西亞航空（經吉隆坡）
- 新加坡航空（經新加坡）
- 中國東方航空（經上海）

印度旅遊旺季時（每年十一月至隔年二月），機票相當搶手，建議至少須於兩個月之前預訂。

除了一般航空公司外，現在亦有廉價航空提供更為經濟實惠的選擇，如亞洲航空（Air Asia）、酷航（Scoot）、虎航（Tigerair）皆有印度城市的停點。廉航不時會有網站促銷，多多留意特惠訊息就有機會搶到便宜的機票。唯須了解廉價航空不同於一般航空公司的服務，如託運行李、機上餐點、機上設施皆須另外付費，還有機票改期、更換旅客姓名等等亦有其較嚴格的規定及收費，要特別注意。

◆ **匯兌**：

印度的法定貨幣為印度盧比（Indian Rupee），簡稱 Rs.，1 印度盧比約等於 0.5 台幣。印度盧比並非國際通用貨幣，我們無法直接將新台幣兌換成印度盧比，因此必須先換好美金（或其他通用貨幣）至印度後再用美金兌換成印度盧比。機場、銀行、飯店皆有提供換匯的服務，觀光客聚集處亦有小型的匯兌所。

印度貨幣：

硬幣：1, 2, 5, 10

紙鈔：5, 10, 20, 50, 100, 500, 1000

印度紙鈔。

注意：破損的紙鈔在印度無法使用，商家收錢的時候通常會非常仔細地檢查並拒收破損紙鈔，然而，他們卻時常會「不小心」在找零時將這樣的紙鈔找給客人（特別是還沒弄清楚狀況的觀光客），有些紙鈔甚至還經過了巧奪天工的黏合技巧，不細看是看不出破綻的！因此，在收到紙鈔找零時也要一一檢查，以免收到破損而無法使用的紙幣。但若真的不小心收到了破損的貨幣，還是可以去當地銀行更換等值的新鈔，只是礙於旅途中時間寶貴，若非太大的金額，通常就會直接認賠了。

到印度旅遊，除了攜帶現鈔之外，還可以考慮使用旅行支票和現金提款卡：旅行支票可於台灣的銀行購買，至印度當地的銀行或是某些匯兌處可以兌換，有些大飯店或旅行社甚至也收旅行支票。旅行支票約會有 2% 的手續費用，優點是免去遺失現金的損失風險，缺點是匯率通常較現金略差一些，且需花時間找銀行以及等待銀行處理的時間（有時印度銀行的效率較慢）。台灣活存帳戶的提款卡，只要在出國前確認已開通「跨國提款」的功能並且設定好磁條密碼，即可以至當地標示有「Plus / Masetro」的 ATM 直接提領印度盧比，手續費和提領上限可能會依提款機而不同，但普遍來說，手續費約為每筆 Rs.

200，每次提領上限一般為 Rs. 10,000，但也有少數提款機一次最多可提領到 Rs. 20,000 ～ 30,000 不等，上限之內不管提領多少金額，手續費都是一樣的。有可能碰到該台提款機無法讀卡的狀況，可以多試試幾台，當然也有可能是卡片磁條故障，所以建議至少準備兩張以上的卡片以備不時之需。

總結來說，攜帶美金現金至當地兌換是最方便的，但遺失的損失和風險也最大。尤其是在長途旅行時，建議可以分散風險，例如：現金和旅支各半，同時再準備提款卡作為緊急用途，並分置於行李不同處。

◆ **當地電話卡 / 上網卡**：

印度的通訊產業可以說是相當發達，較大型的機場會設有電信業者的櫃檯，市區及遊客集中區域也會有直營店或是可以代辦電話卡的小店鋪。

在印度辦理 3G 上網服務需要等待開通的程序。申請時須備有個人大頭照一張、護照及簽證頁的影本各一份，填寫完申請單之後，約等待一個工作天（假日不算）之後，更換新的 sim 卡並撥打客服專線開通號碼，之後就可以使用了。開通號碼時，會有客服人員詢問你的姓名資料做核對，由於過程中需要使用英文且可能不適應對方的腔調，因此會在這個步驟遇到困擾，此時可以請當時代辦的小店協助進行。通常上網專案都是以一個月的使用為限，例如一個月內使用完 1G 的流量，如果用完時只要再加值即可。

Airtel、Vodafone、Idea 都是印度相當普及的電信公司，但由於印度幅員廣大，各家電信公司的 3G 網路涵蓋區域不盡相同，建議還是到了旅遊當地辦理時，向承辦人員確認最為準確。

印度的電信業相當發達，一般來說訊號也相當不錯，惟限於法令要求，外國籍遊客申辦的程序較為冗長複雜，而且規定時常更改，只是來短期旅遊的遊客通常沒有餘裕的時間去辦理，特別是行程緊湊、常需要密集移動的話，則更難空出時間等待開通網路。若真的無法辦理手機上網，其實一般的旅館民宿、遊客較多的飯店或餐廳，幾乎也都有 WIFI 可供客人使用；遊客集中的區域也有網咖，每小時的收費約在 Rs. 20 ～ 50 左右。

◆ 電壓：

印度電壓為 220V，一般的插座為圓頭兩孔或三孔，但現在通用型式的插座也越來越普遍，即一般台灣所使用的扁頭插頭也都可適用。

但旅行途中還是有可能遇到只有圓孔插座的狀況，特別是比較老舊的旅館或民宿，因此還是攜帶轉接頭比較保險。可以買一個萬用的轉接頭，即使下次到別的地區旅行時也可以用得上；或者在印度當地的雜貨店、超市也都很容易可以買到三圓孔或雙圓孔的轉接頭。

一般印度常見的插座類型。

◆ 行李：

由於印度大多數地區的地面路況並不是太好，可能時有坑洞積水、或是髒亂垃圾，因此若非全程安排有專車接送，還是盡量避免使用滑輪式行李箱，而以登山背包較為適宜，特別是旅程中若行經山區時，還是雙肩背包的機動性較高。

旅行讓人轉換視野、體驗新的生活方式，當然我們自己也要能夠調適心態，才能迎接改變，所以首先我們要知道的是，不可能把原有的生活用品全都放進背包打包帶著旅行的！在印度旅行，輕便從簡是最重要的原則，絕大部分的日用品，都可以在當地買得到或者找到替代物，不需要千里迢迢從家裡背過來。當然個人用慣了的物品可以是例外（例如女性衛生用品、個人備藥等等），但還是以不增加負擔為主要考量。

基本行李打包建議：

- 個人基本換洗衣物：以輕便、舒適、快乾為佳；尊重印度的民風和文化，也盡量穿著膝蓋以下、並可以包覆肩膀的衣物（尤其是女性）。
- 禦寒衣物：可帶件連帽的薄外套，天氣變化或在空調車上可以保暖。若在山區或是入夜及清晨溫差較大季節，帶上機能材質的防雨防風外套會更好，現在流行的超薄發熱保暖衣也很實用。
- 透氣好走的鞋子：建議以一雙布鞋加上一雙運動涼鞋或拖鞋搭配換穿。

- 個人 3C 電器用品充電器：除了規格統一的 USB、mini USB 等接頭，某些特定品牌的充電線在印度不見得容易找到，所以要預先備齊。
- 個人慣用藥品：印度的藥房其實也可以買到一般西藥，但個人藥品若能預先準備好，在緊急狀況發生時較不會慌亂。
- 盥洗用浴巾或毛巾：印度一般的平價旅館並不會附有浴巾及毛巾，即使有附，可能也因為衛生考量而不敢使用，建議自己準備好，而且最好選用快乾材質。
- 衛生紙、濕紙巾：如大家所知，印度人如廁是不使用衛生紙的，而是使用水洗，若一時之間仍無法入境隨俗，建議還是自己準備好衛生紙。當然印度超市或一般小雜貨店都很容易買到衛生紙，只是質感可能較粗，若個人有特別要求而行李又有空間，就可以自己從台灣帶一些過去使用。
- 其他個人用品：衛生棉條、隱形眼鏡藥水、護唇膏等等。

好用小物：

以下是一些雖然非必要、
但在印度旅行時卻很實用的小物

- 睡袋內袋：在臥鋪火車或是旅館過夜時，除了有保暖效果，如果擔心床鋪的衛生問題，也可以有隔絕的效果。
- 峇里島風格的沙龍：可以當圍巾和頭巾，禦寒擋風沙；同上睡袋內袋的作用相同，可以當作床單鋪巾或是薄被；進入廟宇時可以圍起來當作長裙，在沙灘時又可以綁成熱帶風情的小洋裝，特別對女孩子來説相當實用喔！

- 維他命發泡錠或粉末：出門在外，飲食難免不正常，可以藉此補充一些必要的營養、增強抵抗力。
- 寶礦力粉末：整天的觀光行程活動，如果遇上炎熱的天氣，容易流失過多的水分，沖泡式的運動飲料粉末可以補充身體的電解質。印度當地也有類似的運動飲料，但口味有可能不適應。
- 手電筒：雖然近年來印度分區限電的狀況已經越來越少，但難免還是會遇到突發的跳電，備好手電筒以備不時之需。
- S 掛勾：平價旅館的浴室及房間內有時並沒有吊掛衣物的地方，此時 S 掛勾便可以派上用場。

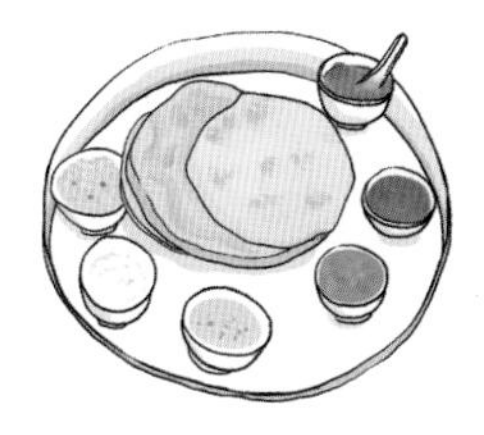

B.
文化民情大不同 ⁄

文化民情形塑了一個國家特有的氛圍，印度之所以讓人覺得不可思議，在於她許許多多既奇妙又奇怪的獨特文化風俗，初來此地的遊客面對這些和自己原本熟悉的世界邏輯相悖的人事物，總是驚嘆連連，或許感覺新奇有趣，也或許需要花上更多時間適應。旅行讓我們了解：原來這個世界並非只依照我們所知的單一模式運轉！走出自我的小圈圈，看看外面廣闊的大千世界，讓我們更懂得謙卑。

出發去印度之前，我們不妨先來了解一下，印度人有哪些特殊的生活習慣和我們不太一樣？又有哪些特殊的社會文化現象呢？

◆ 為什麼印度人老是搖頭呢？

當印度人向你側著頭輕點時，請注意他絕對不是在搖頭說不或拒絕喔！相反的，這是印度人表達 YES 的方式！舉凡向服務生要求服務、向人答謝時，都會得到這樣的回應，它可以表示「OK」或是「不客氣」的意思，也可能僅僅是一種友善示好的表情。這和我們一般表達否定的左右搖頭可是不一樣的，印度人的搖頭比較接近將頭偏向一邊、讓耳朵往肩膀靠近這樣的輕點一、兩下。初到印度時，可能會相當不適應這顛覆我們過去理解的肢體語言，但入境隨俗後，不自覺也模仿起印度人這個特殊的小動作。記得要搖頭說好時，別忘了像印度人一樣面帶笑容喔！

◆ 印度人都是不分你我？

印度人似乎有著比任何民族都還要模糊的人我分際，在印度常常會遇到以下的事情：印度人走進某個店家，問都沒問一聲，順手就拿起了店員私人的水壺喝起水來，喝完之後順勢一遞，店員也就接了回去，一切都如此地自然，沒有人有一絲不悅的感覺；夜間巴士上，男人很自然地將腳橫放在另一個男人的腿上，倒頭睡了起來，心想這兩人的感情一定非常好吧？但

擁擠的印度公車上，即使素昧平生的人也是不分你我、好幾人分坐一張座椅。

車子一到站後，連聲招呼也沒打，就各自下車了。這類的狀況每天不斷發生，我們看得有些吃驚，印度人卻是習以為常。從好的角度來看，印度人可真是一個樂於分享、不分人我的民族啊！所以你會發現，在擁擠的公車上，印度人總會盡可能地將自己的位子擠出那麼一點空間給你。

不過，另一方面來說，印度人也會假定你有跟他一樣的想法。因此，在火車二等車廂上，即便你好端端地坐在付錢買票劃好的座位上，但是當洶湧的人群（很多可能根本沒買票）一擠上了火車，大家便會自動有默契地開始往內擠，三人座的椅子擠上五、六個人是家常便飯，還常會出現疊疊樂的狀況呢！在印度，可沒有任何乘客會在這種時候質問那些來分座位的人到底有沒有買票，如果你還不能適應這樣的印度文化，那麼建議你盡量買隱密性較高的頭等艙或商務艙車票。

◆ 男生與男生在路上牽手？

在印度街上常可以看見成年的男性與男性勾肩搭背、或是手牽手親密地走著，可別以為他們都是大方出櫃的同性戀喔！他們絕大多數只是好朋友而已，這樣的肢體接觸是印度人對同性朋友表達友善的方式，如果你是男生，新認識的印度朋友也可能會這樣對你表達他的熱情；若是女生的話，一般印度男人也是會保持禮貌的距離，如果真有踰矩的動作，則要謹慎提防並且明確拒絕，以確保自己的安全。

印度男生之間牽手、擁抱都是很常見的自然行為。

◆ **在觀光景點，印度人爭相來合照是怎麼回事？**

在遊客如織的觀光景點，有個讓人百思不解同時也啼笑皆非的狀況：總是會有絡繹不絕的印度人跑來向身為觀光客的你要求合照！這些來合照的印度人基本上也是來該景點觀光的，但他們除了拍攝景點之外，似乎把能跟外國遊客合照視為一件新鮮、有趣、可能還值得拿來跟朋友説嘴的大事！他們大部分會很有禮貌地前來詢問是否可以合照，而拍完照後也就心滿意足地道謝離去，如果在不趕時間的狀況下，和他們照照相、順口聊個幾句，倒也無妨；但若碰上的是一群年輕的學生團體，這下子可沒完沒了！因為他們可是會一個接著一個排隊、非得每個人都拍到不可，熱情到讓你無法拒絕，實在是一個相當有趣的情景！

1|2 1 印度人喜歡在觀光景點與外國遊客爭相合影，人手一台相機輪流拍照，好不熱鬧。
2 印度人有用右手吃飯的傳統。

雖然相信絕大多數的人都抱持著善意而來，但還是提醒大家若真的碰到這樣的狀況，合照時還是多留意重要的隨身物品，隨時保持謹慎總是好的。

◆ 一定要用手吃飯嗎？

印度有用右手吃飯的傳統，可千萬別小看這用手吃飯的技巧，一餐飯裡，抓餅、抓飯、搭配沾醬，要能吃得像印度人一樣優雅，可絕對不是件容易的事情！用手吃飯有特殊的技巧和手勢，可不是隨便用手就抓來吃喔！而印度人也並非總是用手吃飯，用西式餐具用餐的印度人比比皆是，特別是在五星級的高級飯店。至於何時會用手吃呢？很簡單，看心情而已！如果不會用手吃，也完全不用擔心，所有的餐廳都一定會提供餐具，即使一開始沒擺出來，也可以另外請他們提供。不過要特別注意的是，如果想要嘗試用手抓飯的話，請記得務必要使用右手，因為印度傳統中認為左手是不潔的，用左手抓飯並不禮貌喔！

印度的孩子有著天真純潔的笑容。

◆ 遇到乞討的孩子該怎麼處理？

印度赤裸呈現著現實世界的真實面，包括了底層的貧窮。在路邊常會看到衣衫襤褸的乞討孩童、或是瘦弱的女子抱著襁褓中的嬰孩向遊客伸手要錢，這一幕幕揪心的情景總是讓無數的遊人陷入兩難……。雖然鼻酸不忍，但一般的建議是，盡量不要拿錢給這些孩子，原因是他們多半是被不法集團的惡棍所操縱的，給他們的錢不但無法實質地幫助他們，反而更助長了不法集團的勢力。即便他們並非是受到壞人控制迫害，而只是為了家庭生計出來乞討，直接給他們錢更會間接讓他們的家庭、或是孩子自己相信：乞討是謀生最快的方式，如果乞討便能快速賺錢的話，何必努力工作、甚至接受教育呢？在如此的惡性循環之下，他們終其一生也無法擺脫貧窮的命運。因此，遇到乞討的孩子時，最多最多就是拿點食物給他們吧！

◆ 可以隨意拍攝印度人嗎？

基本上，絕大多數的印度人都相當喜歡成為鏡頭的焦點，只要一對上鏡頭，便會瞬間露出燦爛的笑臉！不僅止如此，甚至還會呼朋引伴，大家一起來入鏡！如果你喜歡拍攝人物肖像照的話，在印度絕對會有俯拾即是的題材。不過有一些情形要注意一下：拍攝回教徒女子是忌諱，因此如果見到包著頭巾的女性，最好不要任意拍照。除此之外，當然也還是會有些印度人就是不喜歡被拍照，但不太常見就是了。拍照前先跟對方禮貌示意，通常對方都會很開心地入鏡的。

1
2|3 1.2.3 印度人有天生的上鏡臉。

即使是素昧平生的印度人，一看到鏡頭也都會立即露出開朗的笑容。

有些路邊的孩子會主動要求你幫他拍照，但拍完照之後可能伸手向你要錢！小朋友這樣的行為可能只是出於有樣學樣，或是過去曾有觀光客開了先例，讓他們覺得可以以這樣的方式輕鬆賺錢，其實不一定要給他們。這時候可以說你沒有帶錢，然後讓他們欣賞一下螢幕上的照片，小朋友看到自己出現在螢幕上都會很開心的！以這樣的方式帶過即可。但如果不忍心拒絕孩子的要求或是不喜歡陷入這樣的矛盾糾紛的話，還是盡量不要隨便拍路邊的孩子，可以拍攝店家裡、或是穿著校服的小學生，因為他們多半來自環境較好的家庭，這樣便可以避開困擾。

◆ 如廁問題怎麼處理？

印度人是不用衛生紙的！那麼，如廁後該如何清理呢？答案是：用水洗！別先入為主地認為這是印度「不先進」的一個證明，仔細想想，這難道不也是這些年推廣的「免治」馬桶概念嗎？以水洗方式，不僅清潔更徹底，同時也能改善或預防便祕、痔瘡等問題，而減少了衛生紙的消耗量，也是環保愛地球的具體行動呢！

印度一般有蹲式及坐式兩種馬桶，除了以觀光客為主的場所裡的公用廁所會提供衛生紙之外，大多數都沒有，取而代之的，是家家戶戶必備的小水瓢，或是更高級的話，則會在馬桶旁有一個手壓式的沖水設備，如廁後便以清水沖洗。當然，如何用水瓢舀水卻不弄濕衣服，確實也需要技巧，如果無法適應的話，就自備衛生紙吧！不過，要注意的是，廁所裡多半也不會有垃圾桶，丟入馬桶更容易造成阻塞，所以如果一定要使用衛生紙，或是生理期的女性朋友，記得隨身準備一些紙袋或塑膠袋來裝使用過的衛生用品，另外攜出再丟棄，做個貼心的旅客！

印度的坐式馬桶旁通常會有一個手壓式的沖水設備，可以在如廁後清洗。

C.
調適心態去印度

印度的一切顛覆了我們原有的邏輯，彷彿來到了一個不同的世界，難免會感到不適應，特別是遇到讓我們覺得不合理的事情，甚至會破壞開心出遊的心情、或對印度開始萌生負面的印象。其實，境由心生，很多事情都只是心念一轉而已，何不試著放寬心情，既然在印度，就學習用印度的角度來看待這一切呢？多點了解、多點包容，我們眼前的世界便更寬廣！

◆ 觀光客總是被哄抬價錢？

其實不僅僅是在印度，只要是觀光地區，外來的觀光客總不免被當成待宰肥羊，被狠狠敲上一筆：明明當地人只需要花五塊錢就可以買到的東西，報給觀光客的價格就是翻上十倍，特別是初來乍到時在車站外頭守候的嘟嘟車司機，即使路程只有短短幾步之遙，卻每次都報以天價，實在令人生氣。

對於這樣的情況，在這裡建議大家，在印度大多時候是需要殺價的，至於殺價的技術則只能說因人而異，但能殺多少就是多少，必要的時候可以作勢離開，如果印度人急忙追上來講價的話，就是代表還有空間了。但當然也可能會碰到無論如何也無法砍價的情況，很有可能是該地區已經達成對觀光客定價的共識，這時候也只能摸摸鼻子認了。換個角度想，即便是在台灣的觀光區，我們也都可以接受「東西就是會比較貴一點」的事實，既然都出門一趟在外，何必為了換算成台幣沒多少的價差而不開心呢？這絕對不是自以為是的財大氣粗，或者是慣壞了印度人讓他們覺得觀光客的錢好騙，而是放寬胸懷、享受當下，別為了一點小事而破壞旅行的快樂心情。

◆ 觀光景點的票價差異

在印度，觀光客總是得花較多的錢，連公家制定的景點門票價格也是如此。印度所有的觀光景點都是分為當地人與外國人兩種票價，而之間的差異最少是十倍以上！印度最知名的景點泰姬瑪哈陵就是票價最懸殊的地方，外國人的票價是印度人票價的 37.5 倍（外國人門票 Rs. 750 / 印度人票價 Rs. 20）。這樣大的價差確實讓人有些憤恨難平，而且每去一個景點便會發生一次，難道觀光客就是比較有錢嗎？

然而，與其把這個懸殊票價當成是對外國人的剝削，不如把它想成是對於當地人的禮遇，包括台灣的很多地方不也都有對於當地居民門票折扣或是免費入場優惠嗎？只是大概很少國家做到像印度這樣的大範圍，全體印度公民都能共同享有。印度雖然有許多富有的人，但是一般民眾的收入水平相對不是太高，如果在這些歷史文化遺跡的門票上設了高價門檻，等於是讓文化有了排貧性，阻絕了他們親近自己民族歷史的機會；而我們既然還有能力能到國外走走，即便我們也是小資旅行，但是這樣的門票尚在我們的負擔範圍內，就算是最貴的泰姬瑪哈陵的門票，合成台幣也不到 400 元，卻讓自己一整天徜徉在這些古老而美麗的建築之中，怎麼算都是划算的！

◆ 大方要小費的文化

印度除了四處抬高價碼之外，額外索求小費的情況也比比皆是。印度人常跟你熱情地稱兄道弟一番、主動積極地提供許多服務，卻在臨別前用著一貫開朗的笑容伸手向你為方才他付出的勞務來索取小費。遇到這種狀況時，或許多少有些被欺騙了的感覺，不過還是換個角度想吧，別讓自己困在負面的情緒裡。如果真的肯定他方才提供的服務，那麼就在自己認定合理的範圍內給他們一些回饋吧！畢竟使用者付費也是很合理的。但如果真的不願意、或是覺得對方要求得太多，其實也可以拒絕，但拒絕時，建議不妨學學印度人那副「皮皮」的樣子，別傷和氣、也別撕破臉離開，就嘻嘻哈哈地拒絕，或笑笑說自己沒錢了，以印度人的方式行走印度，是很管用的呢！

觀看路旁的表演或拍照，常常也會被索取小費。

儘管這麼說，不計較報酬、真心熱心助人的印度人其實也不在少數喔！並不是所有的印度人都是為了小費才接近或協助觀光客的，只要保持適當的謹慎即可，倒也不需要過度緊繃神經、總擔心所有身邊的人都是為了錢而來的。

◆ 為何走在街上總是被上下打量或者圍觀呢？

印度人對觀光客非常好奇，而且他們從不隱諱內心的好奇，而是大大方方地體現在他們打量、鎖定你的眼光之上！在公眾場合、觀光景點，身為觀光客的我們，總是不免感受到好多到銳利的目光緊盯著自己不放，更有甚者，被一群好奇的印度朋友或家庭，圍觀著熱情發問或是要求合照，也是家常便飯呢！

或許有人會覺得被這樣的目光注視著，感覺很不自在，或是被圍觀打擾，感覺很厭煩，但是換個方向想，這也是因為印度人真的是發自內心地好奇。一般階層的印度民眾，是鮮少有機會可以像我們這樣出國看世界的，而每當他們遇到來自世界不同地方的我們，就如同是看到嶄新的世界呈現在他們面前，他們怎麼會不把握這個機會好好仔細地瞧一瞧呢？正是因為這是他們打從心底對於世界的嚮往，因此會這樣不假修飾地反映在他們直盯著你瞧的目光或與你交談的渴望上，這種交流互動是建立在善意的基礎之上的。若是能這樣想，或許會覺得讓他們多看幾眼似乎也無妨了！當然，如果確實覺得不堪其擾，就盡可能別開啟他們的話匣子、快速離開人群囉。

D.
旅遊印度的注意事項和安全問題／

國際傳媒及網路新聞時常出現關於印度旅遊的負面事件報導，看多聽多了，難免讓人對於到印度遊玩的安全問題充滿疑慮。事實上，只要出門在外，就一定有風險存在，更何況是到了一個完全陌生的環境之中？不論旅遊的目的地是印度、或是其他任何的國家，都應該時時保持警覺、並且對自己的安全負責。

以下是到訪印度的遊客可能會遇到的一些狀況，雖然我們不需要風聲鶴唳、草木皆兵，覺得印度處處都是危機和陷阱，但多多了解、進而預先做好心理準備，若真遇上突發狀況時，也不至於慌張失措，可以有更多應變的空間。

◆ 車站、旅店街的掮客

車站或是旅店集中的觀光客區域，提供了許多賺錢就業的機會，火車或是巴士的到來，對他們來說都是一件件可能成交的案件。他們號稱可提供的服務相當多元化，從旅館、交通包車、導覽等等，應有盡有。他們有著鍥而不捨的耐性，先是有禮貌地用流利的英文跟你打招呼，再來就是試探你需要的服務，即便你已經回絕了，他們還是可以從頭到尾一直緊跟著你。雖

車站是大量掮客聚集的地方，往往一下火車就會被兜售各類服務的掮客團團圍住。

然他們亦步亦趨、緊迫盯人的攻勢讓人備感壓力，但他們大多不是壞人，只是很積極想要得到工作機會而已，如果你真有需求，不妨可以聽聽看他們的介紹，但別急著馬上就答應他們，請記得貨比三家，或者事先調查好合理的行情價格，實際比較後再做決定。如果行程皆已安排好，完全不需要他們介紹的話，也可以一開始就拒絕。總之盡量不要回應他們，也不要有眼神的交會。當然，執著的印度人可能還是會持續跟著你幾分鐘，也無須覺得不舒服，這只是他們求生的模式啊！

此外也可能會遇到有人主動來和你交朋友，進而非常熱心地幫你提行李，或者主動帶你去你要去的地方，讓你以為遇到了大好人，沒料到事成之後卻被索取小費，即使他們要求的金額通常不高，但這種感覺常讓人不太舒服。如果想要徹底避免的話，得要在一開始他們要提供這些服務的時候，即表明拒絕；相反的，如果已經享用了服務，而他們的索費也還合理的話，不妨也就放寬心地接受吧！最多就當成是記取教訓，下次遇到類似情況的話，便知道應該如何拒絕了。

◆ 印度常見騙術

印度針對觀光客的騙術五花八門，但大致上脫離不了想要利用初來乍到的觀光客對於當地情況的無知，進而在交通、旅館安排上從中賺一筆。最常見或聽到的老掉牙手法便是：嘟嘟車司機告訴你，你準備前往的旅館已經關門大吉或是被火燒光了，因此他會載你去其他家更棒的旅館！這個簡單到有些荒謬的謊言可是流傳已久了，曾經被騙的人或許也不在少數呢！

德里火車站清楚告知外國觀光客，千萬別誤信路人的指示去別處購票或退票，車站的外國旅客服務處是全年無休、全天候服務的！

新德里火車站的外國旅客服務處。

另一個車站騙術則是：在大清早偽裝成車站人員，對一早要趕火車的遊客說：你們要搭乘的這班列車已經取消了，所以必須去旁邊的櫃檯購買其他車票或是改成昂貴的包車行程，想當然耳，櫃檯也是他們的同夥。這個伎倆同樣行之有年，剛到此地的觀光客一聽到火車取消便嚇傻了，在情急之下常常也就失去了判斷的能力，該搭上的火車沒搭到，還花了大把鈔票改變行程。新德里車站為了避免這個詐騙事件一再發生，甚至還把外國旅客服務處改為 24 小時服務，讓迷惘的外國旅客可以隨時尋求協助，我想這也是很大的進步了！

車站外通常也有相當多徘徊流連的「好心路人」，專門等待剛下車的觀光客，不但會主動積極地幫你指引前往「觀光旅遊局」的方向，甚至還會義務帶你去。這時候可要小心了，因為這通常都不是正牌的政府營運單位，裡面的人員可能會用三寸不爛之舌說服你改變原有的旅遊計畫，參加他們幫你安排的行程，而收費往往超出了一般正常的價位。參加這些旅行社的行程當然也未嘗不可，雖然他們不是真正公營的機構，但確實也是有安排景點的導覽規劃，他們的目的是賺錢，並不會讓旅客有安全上的危險。只是在這樣被牽著鼻子走的情況下，常會失去正常的判斷力，可能就盲目地選擇了不是自己想要的行程，當然也喪失了比價的機會，花了許多冤枉錢，更破壞了之後旅遊的興致，所以如果能夠避免的話，還是盡量避免踏入這些冒牌旅遊局的陷阱。

簡而言之，雖然詐騙手法層出不窮，但不外乎是利用觀光客對於陌生環境的不熟悉，且查證及求助能力有限，而給予錯誤的資訊來從中賺取利益。因應之道則是事前準備功課做齊全，例如預備好旅館的聯絡資料可以馬上打電話確認；遇到狀況的時候膽大心細、保持冷靜，不要輕信對方給的消息，例如火車取消的狀況，車站必定會有公告，千萬記得小心求證。

◆ 毒品陷阱

在 70 年代歐美嬉皮出走的浪潮之下，古老神祕同時又物價低廉的印度成了他們浪跡天涯的首選停靠站之一。而說到這些隨性頹廢的嬉皮們，總不免會聯想到一幅煙霧繚繞的迷幻天堂景象。的確，在過去嬉皮的黃金年代，各種類的毒品曾於印度猖獗一時，直至今日，仍有觀光客懷抱著來此一嘗禁果的期待。許多城市的小巷弄中，會有掮客鎖定外來的觀光客，暗示或明示地詢問你是否需要購買毒品，尤以大麻煙（Marijuana）

最為普遍。在一些特定城市如馬納里（Manali）、普希卡（Pushkar），此風更盛。

觀光客聚集區不乏有小店，明示或暗示有販賣大麻煙，請務必謹慎三思。

然而，儘管有再多的掮客小販前來主動推銷，讓你覺得似乎這是件稀鬆平常的事，但都請務必要記住：包括大麻在內的所有管制類藥品，在印度都是不合法的，嚴格禁止吸食及販賣，若遭查獲可能必須面對極重的刑罰，所以請三思而後行，切勿以身試法或輕忽印度的法律。另外，也有可能會有有心人士利用吸食毒品後神智迷濛的時機，洗劫財物或造成人身安全的危害，務必要小心提防。只為了一時好奇卻在旅途中惹上麻煩，絕對是得不償失的。

◆ 陌生人的邀約

時有聽聞來訪印度的遊客受邀至當地人家作客，除了享受主人熱情款待之外，更實實在在體驗了地道的印度文化。印度人大方又樂於分享的天性，對於外來的遊客也不例外，這是一種真情至性的流露。然而，身為一個來到異地的遊客，我們卻不能不提高警覺，對於新認識的當地朋友，我們還是應當謹慎拿捏相處的距離。雖然這麼說對於熱情的印度朋友有些過意不去，但畢竟出門在外、人生地不熟的，我們必須將自己的人身安全作為首要考量。如果邀約是在白天同遊某些公眾場合，應該不會有太大的問題（但注意個人財物及飲食仍是基本的自覺），但若是在晚間邀請你到家中，則不能不慎加考慮了！若是三五朋友結伴同行，如果真的發生了狀況還能相互照應，但要是單獨赴約，則肯定不是明智的決定。凡事都要先設想最壞的狀況，確認即使在最壞的狀況中也還能有變通的方案，否則不要輕易答應陌生人的邀約，即便可能因此錯失了一次美好的出遊經驗，也要忍痛拒絕。

印度人相當好客，到印度人家裡作客是很溫馨的體驗。只是如果是剛認識、又不太相熟的印度朋友，一定要先審慎考慮自身的安全問題！

◆ 印度基本禮節

雖然印度對於外國人基本上抱持著包容開放的態度，並不會強加要求外國人遵守所有的禮節，但是我們仍應了解印度人對於禮儀的要求，盡可能讓自己入境隨俗，別做個失禮的遊客！

用餐禮節：

餐前餐後都應洗手，抓飯時務必使用右手，因為印度人認為左手是不潔的。食用塔利套餐時，即使是未食用過的食物，也不應與其他人分食。

服裝禮節：

女性應當穿著寬鬆且包覆性高的服飾，特別是不宜露出腿部及肩膀，緊身或是會呈現出身體線條的衣服也被認為是不禮貌的。

握手禮節：

與人握手一定是使用右手。一般來説，避免在公眾場合與異性有肢體的接觸，但在大城市中，因為接受了西方禮節的薰陶，異性之間打招呼式的握手是合乎禮儀的；但如果是鄉村的話，男性則不應與印度的女性握手。

參觀寺廟禮節：

寺廟外皆有放置鞋子的地方，務必脱鞋後進入；錫克教寺廟則設有水池，需要先將腳洗淨之後才能進入；印度教寺廟特別注意不得露出小腿，最好是穿上長裙或是以大方巾圍住；回教清真寺不得露出肩

無論男女，進入錫克教的寺廟內一定要包頭巾。

膀；錫克教則是要包頭巾。許多歷史遺跡或建築的參觀，也比照這樣的禮節，因此，建議隨身攜帶一條大方巾以應變各種情況。

其他：

不可用手指比對方，也不能將腳對向某人，這是很不禮貌的表現，但相對來說，在印度如果彎身去觸碰對方的腳，則代表了相當的敬意！進入室內需要脫鞋（即便你覺得室內並沒有很乾淨），穿鞋進入對方的家中是大忌！到印度人家中拜訪時準備一份小禮物，即便是簡單的甜食、糖果，都會讓他們相當開心，也是基本的禮貌喔！

◆ 跟印度人問路

印度人是個熱情親切的民族，只要是會說英語的印度人，對於觀光客的求助，都會相當友善而熱心地提供協助、有求必應。不過，有時熱心過了頭的印度朋友們，或許是真的太想跟觀光客打交道、或許是自尊心太強，他們鮮少會說出「我不知道」這個答案，所以有時候即使他們自己也不太確定的地方，還是可能會頭頭是道地胡謅一通！因此，若是要和印度人問路，最好是連問兩、三個人，進行交叉比對，確定前往的方向才比較有可能是正確的喔！

在印度問路時，常常引來許多熱心印度人的圍觀，大家一起討論該怎麼走。

E.
女性旅人必讀／

女性到印度旅遊的安全問題，一直是大眾普遍的疑慮，也常常讓人詬病，特別是近年來國際媒體報導在印度接連發生的強暴案件，更讓這個印度沉潛已久的社會問題、以及長久以來這個男尊女卑社會對於女性的歧視浮上了檯面。

在印度，絕大多數情節較輕的性騷擾事件，主要是源自於這個相較保守的社會對於異性的好奇和誤解。要知道在印度，大多數女性是不會單獨出門的，一般男性在很少能與異性交流相處的情況之下，一看到女孩子，特別還是不同膚色長相的女孩，心中的激動與興奮是可以想見的。又加上，有多少印度人別說是出國、就連到印度的其他城市旅遊都不容易了，可想而知當他們看到從國外來的遊客時，那種好奇肯定是大大倍增！於是，女遊客被印度男人色瞇瞇地上下打量便成為家常便飯了。此外，在印度人認知的世界裡，女性是不可能這樣到處趴趴走的，更何況是出國？因此他們對於這些來旅遊的女性，一開始便產生了誤解：在他們的想像裡，或許這些離鄉背井的女人想必是放蕩不羈又作風大膽吧？否則怎麼可能不受禮教社會的約束還離鄉背井到處遊玩呢？也就是這種誤解，讓那些臉皮比較厚的印度男人態度輕浮，甚至毛手毛腳了起來，或以言語大膽試探一夜春宵的可能性。不過這類人啊，雖然無賴又討厭，但說實在的，還稱不上什麼大奸大惡，說穿了他們也就是那張厚臉皮罷了，只要堅定立場地嚴詞拒絕，就能把這些人打發走，不至於有人身安全的危害，也不用擔心撕破臉。因為即便妳生氣怒罵或給他們臉色，這對他們來說也是不痛不癢，臨走前可能還繼續嘻皮笑臉跟妳說明天見咧！

如果可能的話，盡量把容易產生誤會的狀況減至最低，可以避免旅途上很多困擾。有一些是基本而通用的女性安全守則，在此整理給準備出發去印度的勇敢女孩！其中有些也不僅只適用於女性喔。

- 衣著切勿貼身或暴露，寬鬆的上衣和長褲裝是很理想的選擇，要能遮蓋腿部和肩膀，避免引人遐想。
- 盡可能結伴而行，在背包客旅社，常能認識一些同是來旅遊的夥伴，一起同行可以互相照應，尤其是要前往較偏遠的地方時。
- 入夜後不單獨外出。長程火車或巴士要選擇在白天抵達的班次，如果真的不得不在夜間抵達，可以先訂好旅館並請他們安排接送服務。
- 不出入夜店、舞廳等場所。
- 不走照明不佳的小巷弄、或去偏僻無人煙的地方。
- 遇到印度人攀談並問及一些私人問題時，可以回答已婚，如果是單獨旅行，也千萬不要透露，可說朋友等一下要來會合、或是朋友在旅館等待之類的。

女生搭乘火車時以空調臥鋪的上鋪為首選，隱密性最高。

- 若答應剛認識的印度人邀約出遊或是吃飯，務必確認活動範圍皆在公共場所，切記膽大更要心細，隨時注意周遭環境，並保持警覺，如有異樣，一定要馬上找理由離開。
- 印度的地鐵有規劃出女性專用車廂及候車月台，可以多多利用；搭乘公車時，女性大致上也多會集中在車子前半部（但非絕對），可以的話就盡量往女性專區集中；搭乘火車，單身女性當然以隱蔽性高的空調臥鋪為首選（閒雜人等及小販不會進入空調臥鋪艙），並且盡可能選擇上鋪。

儘管印度是個多麼多采多姿又不可思議的國家，但事實上也無法否認印度在治安方面有這樣的一個黑暗面。所有的旅行都有風險存在，即便是治安良好的寶島台灣，也會有性侵案件發生，印度不是唯一一個、也不是最後一個發生這些案件的國家，因此作為外出的旅人，我們也只能小心再小心，安全守則舉世皆然，即使是到先進的已開發國家旅行，也都應該有這樣的基本概念。

精選
印度城市

A. 新舊融合的大都會：德里（Delhi）
B. 永恆淒美的愛情淚珠：阿格拉（Agra）
C. 沙漠邊境的粉紅玫瑰：齋浦爾（Jaipur）
D. 靈魂的最終歸宿：瓦拉納西（Varanasi）
E. 聖河源頭的靈性之都：瑞斯凱詩（Rishikesh）
F. 滿溢英格蘭風情的茶鄉：大吉嶺（Darjeeling）
G. 群山環抱的國中之國：錫金邦甘托克（Gantok, Sikkim）
H. 椰影搖曳的熱帶水鄉：喀拉拉邦（Kerala）
I. 富麗堂皇的王城古都：邁索爾（Mysuru）
J. 孕育深刻靈魂的人文搖籃：加爾各答（Kolkata）

紅堡城牆的壯闊景觀。

德里現在屬於所有居住在此的人，
但卻沒有人屬於德里；
原來的德里人也已消失在城市生活中——
他們寧可活在記憶之城裡。

～亞努普利塔達斯（華爾街日報記者）

A.
新舊融合的大都會／德里（Delhi）

德里 Delhi 久為印度歷代首都，至今仍是全國經濟政治中心和第二大城，是直屬於聯邦政府的直轄區。自古以來，重要的地理文化位置，讓德里一直是兵家必爭之地，也因而於此留下了許多歷史的重要遺跡。

今日我們所見的德里由兩個部分組成：舊德里和新德里。北邊的舊德里是在 17 世紀時由蒙兀兒王朝所建立的都城，德里著名的伊斯蘭古蹟如迦瑪清真寺（Jama Masjid）和紅堡（Red Fort）皆在此區；新德里則是在 20 世紀由英國的殖民者所建立起來的，在印度擺脫了殖民統治之後，新德里成為獨立之後的聯邦首都，自此逐漸發展為今日的德里大都會。

德里的舊城與新城呈現了截然不同的風格，前者保留了古老都城的悠久文化歷史，以紅堡和鄰近的傳統市集為中心，在這裡，你會經驗到所有典型印度的縮影：喧囂混亂的交通、熱鬧嘈雜卻充滿活力與色彩的傳統市場、刻畫著歲月痕跡的古老建築……等等；後者則是新興建設的大城市，擁有規劃完善的寬廣道路和整齊市容，以康諾特廣場（Connaught Place）為中心，有呈放射狀發散出去的現代化柏油路，此地為城市的交通樞紐，也是商業中心。

宏偉壯觀的紅堡。

德里是印度國內與國際交通網路的中心，此地有連結各大城市的班機和列車，因而成為遊客展開印度之旅的首站。但德里對於觀光的重要性絕不僅止於交通轉運站而已，她融合了悠久古老的歷史和嶄新繁華的建設，新與舊的對比，一如印度以一貫的極端，顛覆著旅人的感官體驗，這個大都會無疑是讓人一窺印度的最佳起點！

旅遊亮點｜

◆ 紅堡（Red Fort / Lal Qila）

紅堡位於舊城區的中心，由沙賈汗（建造泰姬瑪哈陵的君主）所建造，並於 17 世紀中葉，將蒙兀兒帝國的首都由阿格拉遷回此地。這座巨大雄偉的蒙兀兒式城堡，至今仍是德里最重要的象徵性地標。

紅堡外圍的城牆總長 2.4 公里，壯觀的紅色砂岩城牆也是紅

1|2　1 紅堡的八角門塔。2 紅堡內的市集。

堡之名的由來。遊客從拉合爾門（Lahore Gate）進入城堡區域，會先經過一道拱廊，之後是一個小型市集（Chatta Chowk），這裡在過去曾是宮廷仕女們的購物大街，而今日則是林立著專門販售特產紀念品的店鋪。

一般謁見廳（Diwan-i-Am）是紅砂岩廊柱和白色方頂的建築，是君王謁見臣民的地方，現在仍陳列當年沙賈汗曾坐過的白色大理石寶座，其上原本鑲嵌由世界各地蒐集而來的珍貴寶石，但至今那些奇珍異寶早已不知蹤影，只剩下大理石的本體仍保存著。私人謁見廳（Diwan-i-khas）則是由大理石打造的白色建築，作為君王的私人會客室。

從私人謁見廳往南邊的第一棟建築為君王寢宮（Khas Mahal），再更往南則是彩色宮殿（Rang Mahal），這裡是皇后的住所。顧名思義，這裡曾以滿室色彩繽紛閃爍的裝飾而得名，如今雖然當年的絢爛已不復見，但依稀可從牆面、天花板所留下來的繁複紋路圖騰，想像過去的美好畫面。

屋頂之上建有小涼亭，是蒙兀兒建築的特色之一。

在私人謁見廳的天頂圓弧刻著波斯詩人的名句：「若地上有天堂，那就是這裡。」（If heaven can be on the face of earth, it is this, it is this, it is this.）足以形容在蒙兀兒威權最鼎盛的當年，這座君王都

1|2
3|4
1 一般謁見廳的紅砂岩廊柱。2 沙賈汗的白色大理石寶座。
3.4 彩色宮殿的牆面上留有繁複的刻紋。

城擁有何等的絕代風華！雖然歷經近代兵變戰爭的破壞，僅存如今的凋零樣貌，但仍足以令我們一窺當時的風光。

門票：Rs. 250

開放時間：9am ～ 6pm（週二至週日）

◆ 迦瑪清真寺（Jama Masjid）

同樣為沙賈汗所建立、位於德里舊城區的迦瑪清真寺，主建築及廣大的庭園共可以容納25,000名信眾，是全印度規模最大的清真寺，紅色砂岩與白色大理石的伊斯蘭式建築，宏偉壯麗、氣勢磅礴。

迦瑪清真寺共有北、東、南三個出入口，其中東門原來是專門讓君王進出的，即使現在也只在週五及節慶時間開放給穆斯林，遊客必須從北門及南門進入參觀，在北門有提供穆斯林長袍的租借。

門票：免費（相機費：Rs. 200）

開放時間：7am ～中午、1：30pm ～ 6：30pm（禱告時間除外）

◆ 月光市集（Chandni Chowk）

直通往紅堡正門的筆直大馬路，是舊城區的主要幹道之一。在舊時曾有一條水渠穿過馬路，供應城市的用水，在夜晚時分月光倒映在水渠之中，故稱為「月光大道」。沿著這條街兩旁集中了各式各樣的店鋪、小吃攤販，是德里最熱鬧繁忙的傳統市集之一，又稱「月光市集」。

月光市集從 17 世紀中就已經是德里的商業集中區域，逛一趟月光市集，可以體驗到相當典型的印度街市風景：五花八門的商品店家、嘈雜喧囂的人群、不絕於耳的喇叭聲、人車牛爭道的混亂交通。然而，在月光市集另一個特殊的體驗，便是看到印度不同宗教的共榮並存，沿著這條路上，我們可以看到印度教、伊斯蘭教、基督教、耆那教、錫克教等宗教場所的建築，

1/2 1.2 早晚皆繁忙雜沓的月光市集。

各自的信眾懷著各自虔誠的信仰，卻能和諧的共處，這就是印度的包容精神。

◆ 印度門（India Gate）

印度門是德里新城區的象徵性地標，建於 1931 年，以酷似法國凱旋門的設計樣式，紀念在第一次世界大戰中陣亡的英軍及印度士兵。在這座聳立的紀念拱門建築後方，有一整片廣大的草坪，成了當地居民野餐休憩的最佳場所，甜食飲料的攤販也看準了商機聚集在此地，在天氣涼爽的傍晚時分，三五朋友齊聚在此地，氣氛輕鬆悠閒，儼然是繁忙的德里大

1|2/3 1 印度門。2 印度門旁的大草坪，總是聚集著悠閒散步野餐的民眾。3 總統官邸。

1|2 1 古德普尖塔及古瓦特烏爾清真寺。2 尖塔四周皆刻以阿拉伯的經文。

都會的一處涼蔭綠洲。

印度門位於拉杰大道（Raj Path）的東端，而另一端則是印度的總統官邸（Rashtrapati Bhavan），是一座結合了西方建築元素的壯觀宅邸，後方還有占地廣大且維護良好的蒙兀兒花園，每年二月對遊客開放。

◆ 古德普尖塔（Qutab Minar）

世界遺產古德普尖塔雖位於德里南方十多公里處的郊區，但因有地鐵可達（Line3: Qutab Minar），交通相當方便。

古德普尖塔建於 1193 年，高度 73 公尺，共有五層，每一層皆有突出的陽台。關於建造的起源，有一說是為了慶賀當時伊斯蘭教的統治者打敗了原來居於此地的印度教徒，象徵著伊斯蘭教統治印度的勝利之塔；另一派說法則認為它是作為提醒伊斯蘭教徒禱告時間的宣禮塔。現在尖塔已不再開放讓民眾入內參觀，我們只能從地面仰望這座象徵著光榮勝利與伊斯蘭威權的勝利之塔。

古德普尖塔旁邊的古瓦特烏爾清真寺（Quwwat-ul-Islam Masjid）是印度第一座清真寺，意為「伊斯蘭之光」，這座清真寺建造在原來的印度教神廟地基之上，建材也多取自被催毀的印度教神廟，同樣象徵著伊斯蘭教戰勝印度教王國之後的改朝換代。

門票：**Rs. 250**

開放時間：**日出～日落**

古德普尖塔園區內的建築群，有許多半頹圮的牆柱拱廊，頗有凋零的歷史感。

旅遊安排要領｜

◆ 交通：

■ **搭乘飛機前來～**

新德里機場的海關處，飾以象徵不同意義的手印雕塑。

英格拉・甘地國際機場（Indra Gandhi International Airport）位於新德里車站西南方十多公里處，全數國際航班及大多數的國內航班皆在最新的第三航廈起降，僅有 Indigo、GoAir、Spicejet 這三家航空公司的國內線在較舊的第一航廈，兩航廈之間的距離相隔 6 公里，有接駁車往返，車程約 15 分鐘。

機場到市區，可在出海關後至機場內的預付計程車（Prepaid Taxi）櫃檯，會依目的地不同按公定價目表收取費用後再安排車輛，抵達時不需再付給司機任何費用。車程約需 1 小時，但德里常有交通擁塞的狀況，如遇尖峰期，所需時間可能會加倍。

機場快線（Airport Express Line）則是省時便利的最佳選擇，機場至市區以地鐵連接，搭乘處在第三航廈，至市區只需要 20 分鐘，是新穎而現代化的快捷交通方式。首班車從德里的發車時間是 4：45am，末班車 11：30pm，從底站 Dwarka section-21 則為 4：45am 和 11：15pm，從機場至德里市區的票價為 Rs. 100（週一至週六，週日票價為 Rs. 60）。

如果飛機抵達的時間在深夜，則建議事先預訂好旅館並請旅館安排接機服務。

■ 搭乘火車前來～

德里有兩個主要的火車站：位於舊德里的德里火車站（Delhi Train Station = DLI）和新德里火車站（New Delhi Train Station = NDLS），目前以新德里火車站擁有最多的往來班次，而車站出口直行 200 公尺可到達的帕哈甘吉區（Paharganj），亦為自助旅行者的集中地。但須注意除了這兩個主要車站之外，德里仍有其他較小的火車站，因此在購票時要特別注意是由哪個車站出發（或抵達），以便預留足夠的交通時間。若是搭乘計程車或人力車，也務必要與司機溝通清楚究竟是哪個車站，以避免不要的困擾或是耽誤趕車的時間。一般來說，還是新德里火車站的交通最為便利，並且也為司機所熟知。

■ 市內交通方式：地鐵

德里地鐵於 2002 年開始營運，至今仍在增建當中，整體路線預計於 2021 年竣工。德里主要的觀光景點都在地鐵站沿線，且皆有清楚的英文標示，票價也相當便宜，對觀光客而言是很實惠的交通選擇。每個地鐵站皆設有安檢處，除了隨身物品須過紅外線檢查，也有人員進行簡單的搜身。感應式的票券則和台北捷運相同。

德里地鐵最新的資訊請參考網站：http://www.delhimetrorail.com/

1 新德里火車站。
2 地鐵站外觀，站內則禁止拍照。

◆ 住宿：

德里既為首都大都會，自然不乏五星級的高檔飯店，讓你可以在奢華尊榮的舒適空間裡，暫時隔絕外面那個喧囂卻繽紛的印度，不過當然每晚入住的價格也是比照全球高級飯店的價位喔。

若打算走儉省刻苦的背包客路線的話，廉價旅館則集中在新德里火車站前的帕哈甘吉區。位於中央市集（Main Bazaar）及其旁邊的小巷弄中的地區，久為來自世界各地背包客的大本營，不僅交通方便，沿街有匯兌所、旅行社、特產店，生活機能相當好。然而，既為廉價旅館，在實惠的價格之上，就得放棄對於旅館豪華度的堅持了，雖然這裡也有不少翻新裝修過、

廉價旅館集中的帕哈甘吉區。

外觀看起來寬敞明亮的旅館，但實際走訪房間內部，則通常仍有老舊建築中的潮濕霉氣，通常也不太通風，所以第一次造訪印度的人，在房間的接受度上可得先做好一些心理準備。康諾特廣場（Connaught Place）一帶，則有一些中型旅館，這裡也是購物、交通都相當方便的住宿區域。

「沙賈汗，你知道生命與青春、財富與榮耀終將在歲月長河中流逝，你的一切努力僅只是在延續你內心的悲傷……就讓鑽石、珍珠、紅寶石的璀璨，一如彩虹的奇幻微光漸漸黯淡滅去，唯有這顆淚滴，這座泰姬瑪哈陵，在時光的臉頰上閃爍著無瑕的光芒，直到永遠的永遠。」

～泰戈爾（印度桂冠詩人）

印度文化瑰寶——泰姬瑪哈陵。

B.
永恆淒美的
愛情淚珠／阿格拉（Agra）

阿格拉 Agra 位於亞穆納河畔，在 16 世紀初時為蒙兀兒王朝的首都，直至 17 世紀遷都至德里為止。在這長達一個多世紀的歲月中，留下了許多象徵著王朝財富與榮耀的建築傑作，而其中最廣為世人所知曉的，便是被譽為人類史蹟之一的泰姬瑪哈陵（Taj Mahal）。

若說泰姬瑪哈陵是來到阿格拉、甚或來到印度的必訪之地，其實一點也不為過。潔白無瑕的大理石主建築、回教風格的圓頂、近乎完美的華麗和對稱，是建築史與美學上的經典與奇蹟之作。而關於泰姬瑪哈陵的愛情故事，則為這座美麗的建築更添浪漫淒美。

17 世紀時，蒙兀兒王朝的皇帝沙賈汗（Shah Jahan）為了紀念早逝的愛妻，不惜傾盡國庫、極盡奢華之能事，設計打造了這座獨一無二的陵墓。傳說這位建築狂皇帝，原本構想在亞穆納河的對岸，也建造一座與泰姬瑪哈陵對稱的黑色陵寢，作為自己百年以後的長眠之處，永遠守護他與妻子的愛情。然而，這最終卻成了沙賈汗的未竟之夢，晚年的他被自己的親生兒子篡位奪權、軟禁在阿格拉堡之內，只能從八角窗中遠眺那顆「愛的淚珠」來思念愛妻。

沙賈汗的淒美愛情，成就了舉世聞名的印度瑰寶，多少遊客千里迢迢來此，只為了一睹泰姬瑪哈陵的美麗容顏。也許你曾經在各類的印刷品或影像報導中，看過千百次她的樣貌，但一旦你赤腳踩踏在冰涼的白色大理石上，近距離感受她莊嚴聖潔的美，那瞬間的美感經驗，絕對會令你永生難忘！

旅遊亮點｜

◆ 泰姬瑪哈陵（Taj Mahal）

泰姬瑪哈陵有西門、東門、南門三個入口，皆設有售票處，附近會有許多導遊出示他們的證件並詢問你是否需要導覽的服務，一個人約是 Rs. 150。走近宏偉的紅砂岩正門，便能透過門拱望見那座美麗的白色圓頂主建築，這裡是拍攝泰姬瑪哈陵的熱門取景處之一！過了正門，在主建築之前是一座蒙兀兒花園，以長形的大理石水池為中心，兩旁種植著柏樹，水面映著泰姬瑪哈陵的倒影。水池的盡頭就是作為陵寢的主建築，進入參觀時需要脫鞋（或使用鞋套），陵寢內部有一大一小兩座石棺，但其實這只是空棺而已，沙賈汗和皇后的遺體實際上葬於該處底下的土窖內。

整棟白色的建築是以大理石建造的，即便是在豔陽天之下，也能感受到沁涼通風。主殿的四角各有一座 40 米高的塔柱，均向外傾斜 12 度，至於為何要向外傾斜而不是完全垂直呢？說法之一是為了確保地震發生時，塔柱倒塌不至於壓毀主殿，其二是由於人類因距離所產生的視覺幻象，若四座尖塔完全垂直，

1/2 1 泰姬瑪哈陵正門。2 泰姬瑪哈陵及前庭水池倒影。

則從下往上看的時候，會有四座尖塔向內收的錯覺，反而會覺得整體建築是歪斜的，因此將尖塔各自向外傾斜，才能校正此一視覺幻象。類似的概念也運用在正殿建築的可蘭經文雕刻，整段經文從上至下，若經過仔細地測量，會發現其實上方的文字比下方的要大得多，但是這正是為了要使人們從下方仰望時能看到大小一致的文字，所以是在縝密計算過後而設計的。由此可見，為了要讓整座建築呈現絕對的完美，設計者即便在最小的細節上也做了極盡周詳的考慮。

除了使用了上等的純白大理石石材，其中鑲嵌的各類珍貴珠寶、半寶石亦是當時來自鄰國各地的一時之選。而不僅這些珍寶的取得所費不貲，鑲嵌的工法、圖騰的設計也都是裝飾藝術的經典之作！從整體建築的架構到細部裝飾的花紋圖案，皆是完全的等量對稱，足可見得設計者對於完美的偏執！

泰姬瑪哈陵細緻的裝飾工法與珍貴的半寶石鑲嵌。

主殿的兩側各有一座紅砂岩建築，兩座建築為鏡像相對的對稱設計，西邊的建築朝向回教的聖地麥加，作為清真寺的用途；而東邊的那座僅只是為了均衡整體的對稱設計所建造的。

泰姬瑪哈陵主殿旁的清真寺。

蒙兀兒花園的西側有泰姬瑪哈陵博物館（Taj Mahal Musuem），另外收取 Rs. 10 的門票費用，裡面展出與設計建造泰姬瑪哈陵相關的歷史資料，包括了建築草圖、文字紀錄、手稿等等。

門票：Rs. 750（含 500c.c. 瓶裝水、鞋套、導覽地圖）

開放時間：日出～日落，週五休館。

為防範恐怖攻擊，進入參觀之前必須先通過嚴格的安檢，不可攜帶刀械彈藥、菸酒食物、耳機、充電器或各類電子產品（相機、手機除外），包括攝影的腳架也不被允許，所以千萬不要千里迢迢帶了腳架想要來拍攝泰姬瑪哈陵啊！盡可能不要攜帶過多物品或使用很大的包包，避免增加安檢的時間；也不要攜帶書籍或印刷品，目前官方網站上雖未明文禁止，但仍有可能在當場被禁止或需要耗時查驗。無法攜入的物品或行李，可以存放至寄物處，三個入口附近皆有寄物處。

泰姬瑪哈陵在晨昏之間隨著光影的變幻，各自展現不同的美。然而，據説月圓之夜的泰姬瑪哈陵，在滿月的光輝下，更顯得神祕而魅惑！自 2004 年，泰姬瑪哈陵在月圓之夜及前後各兩天（共五日）開放夜間參觀，但須於參觀日前一天預先購票，人數限制為每日四百人，一共分為八個梯次，每梯次五十人，自 8：30pm ～ 12：30pm 按購票梯次依序開放參觀，參觀時間為半個小時。

購票地點：

印度國家考古協會（Archaeological Survey of India）

22 The Mall Road, Agra.

91-562-2227261, asiagra@sanchamet.in

10am ～ 6pm

夜間參觀票價：Rs. 750（不得重複使用於日間參觀）

◆ 阿格拉堡（Agra Fort）

阿格拉堡位於亞穆納河畔，由阿克巴大帝建於西元 1565 年，外圍由 12 米高壯觀宏偉的紅色砂岩城牆所圍繞，是蒙兀兒帝國權威的象徵。相對德里紅堡，阿格拉堡也被稱為阿格拉紅堡。阿格拉堡佔地 1.5 平方公里，內有數座宮殿、謁見廳、清真寺等多座不同功能的建築，但並非全數對遊客開放。

遊客由阿瑪辛格門（Amar Singh Gate）進入城堡，首先見到華麗的一般謁見廳（Diwan-i-Am）。從天台往上，可以俯瞰亞穆納河的景致和眺望遠方的泰姬瑪哈陵；往南走經過私人謁見廳（Diwan-i-khas）和鏡宮（Sheesh Mahal），便是沙賈汗晚年被幽禁的八角塔（Musamman Burj）和大理石建造的私人宮殿（Khas Mahal）；寬廣的後宮庭院是蒙兀兒風格的庭園葡萄園（Anguri Bagh）。最南邊則是紅色砂岩建造的傑汗吉爾宮殿

阿格拉堡的宏偉城牆。

（Jahangiri Mahal），精緻的大理石鑲嵌和繁複的幾何及花朵圖騰，結合了印度與中亞的建築風格。

門票：Rs. 300

開放時間：日出～日落

◆ 月光花園（Mehtab Bagh）

位於亞穆納河北岸、可以望向對岸泰姬瑪哈陵的位置，這裡即是傳說中沙賈汗「黑色泰姬瑪哈陵」的預定地。雖然名為花園，但來到此地的重點並不在欣賞花園，而是從這裡眺望對岸的泰姬瑪哈陵。雖然這裡所看到的僅有正殿的背面，但由於建築本身完全對稱的設計，所以從不同角度所看到的她風采絲毫不減，反而少了遊客如織的喧囂，更添幾分神祕迷人！

門票：Rs. 100

開放時間：日出～日落

1|2 1 葡萄園。2 遠眺泰姬瑪哈陵。

1/2 1 傑汗吉爾宮殿。2 私人宮殿。

從月光花園眺望亞穆納河對岸的泰姬瑪哈陵。

◆ 伊泰默德陵墓（Itimad-ud-daulah's Tomb）

伊泰默德陵墓被稱為「小泰姬（Baby Taj）」，同為蒙兀兒時代的陵墓建築代表，建於 1622 ～ 1628 年間，較泰姬瑪哈陵的年代更早，也被認為是泰姬瑪哈陵的設計靈感來源。主殿一樣是採用大理石建材，但整體規模及花園腹地都較泰姬瑪哈陵要小得多，可以看出無論是對稱的設計概念、大理石鑲嵌半寶石馬賽克圖騰的技術，後來皆應用在泰姬瑪哈陵上。

門票：Rs. 110

開放時間：日出～日落

1/2 1 與泰姬瑪哈陵相似的尖塔設計。2 伊泰默德陵墓。

旅遊安排要領｜

阿格拉的主要景點原則上在一天的時間內可以走完，如果時間較為緊迫，可以安排在早上抵達阿格拉，上午參觀泰姬瑪哈陵，下午包車參觀阿格拉堡、伊泰默德陵墓、月光花園等，晚上即搭車離開。

◆ 交通：

■ **搭乘飛機前來～**

阿格拉的克利亞機場（Kheria Airport）位於市區外 7 公里之處，有從德里、瓦拉納西、卡修拉荷等北印度觀光點往返的國內航班，但航點、航班並不多，建議先上網查詢。從機場到市區可搭乘計程車或嘟嘟車，價格約各為 Rs. 200 和 100。

■ **搭乘火車前來～**

阿格拉共有六個火車站，但一般遊客會使用的為阿格拉軍營火車站（Agra Cantt Train Station）和阿格拉堡火車站（Agra Fort Train Station），車站外會有等候的嘟嘟車或計程車。

■ **德里與阿格拉間的交通往返～**

德里與阿格拉間有專為觀光客一日行程而設計的空調特快車 Bhopal Shatabdi （12002），每天早上 6：00 從新德里車站出發，8：06 即到達阿格拉軍營火車站，回程 NDLS Shatbdi Express（12001）於晚間 20：35 從阿格拉軍營火車站發車，22：45 到達新德里車站。商務艙及普通艙的單程票價分別為

在 Shanti Lodge 的頂樓餐廳，可以近距離欣賞泰姬瑪哈陵。

Rs. 809 和 Rs. 409，提供時間不多的遊客一日往返世界級景點的便捷選擇。

◆ 住宿：

阿格拉的住宿選擇大致集中在泰姬瑪哈陵以南周圍的泰姬甘吉區（Taj Ganj），有不少豪華的高價位酒店可以供選擇，除了裝潢富麗堂皇之外，還標榜了從房間的落地窗即可觀賞夢幻的泰姬瑪哈陵建築，例如 The Gateway Hotel & Resort（http://www.thegatewayhotels.com/），是屬於印度知名的泰姬飯店集團旗下的高級酒店，每晚住宿的價格約在 Rs. 4,000 ～ 15,000 不等，但價位較低的房型則沒有泰姬瑪哈陵景觀。

而在同一區域、泰姬瑪哈陵步行距離的範圍內，也有較經濟的旅館，每晚住宿價格約在 Rs. 400 ～ 800 間，有相當多選擇。不論是高級飯店或是平價的旅館，幾乎都附有餐廳，有的餐廳位於頂樓，也同樣可以近距離欣賞泰姬瑪哈陵。例如 Shanti Lodge 的頂樓餐廳（http://hotelshantilodge.com/index.html），點一份餐點或是一杯飲料，便可以悠閒坐在頂樓，一邊吹著涼風、一邊觀賞著世界上最美的建築，真是極致享受！

Maya Hotel & Restaurant 也是位在泰姬瑪哈陵步行可達距離

1|2 1 Maya Hotel 的頂樓餐廳。2 物美價廉的小餐飲店 Joney's Place。

的平價旅館，設備簡單乾淨，有雙人房及四人房的房型，皆附衛浴及熱水，每晚 Rs. 1,200 起；頂樓有露天餐廳，夜晚時點亮燈光和燭火，十分熱鬧。對街的新旅館 Ray of Maya 也是由同個老闆所經營，擁有嶄新的裝潢、設備和免費 WIFI 上網，但房價也稍高；頂樓可以眺望泰姬瑪哈陵甚至阿格拉堡，但頂樓餐廳目前尚未完工。

http://www.mayainmagic.in/

私心推薦｜

★ Joney's Place：

泰姬瑪哈陵南門附近的平價小吃店，在國外遊客間大受好評，店內牆上滿是來自各地遊客、以不同語言所留下的推薦，空間不大、位置也不多，令人驚訝的是，廚房僅是櫃檯旁邊兩口小小的爐火！老闆很親切，會推薦店內的熱門菜色（蛋包飯跟香蕉酸奶相當有名），如果打不定主意的話，也可以參考牆上的留言喔！

粉紅城市齋浦爾的街景。

「齋浦爾這座歷史古城，因著她尊貴華麗的過去而閃爍著燦爛輝煌的色彩，成為世界上最引人入勝、洋溢著文化活力的名勝景點。」

～凱特史密斯（印度旅遊作家）

C.
沙漠邊境的
粉紅玫瑰／齋浦爾（Jaipur）

齋浦爾 Jaipur 是拉賈斯坦邦（Rajasthan）的首府，於西元 1727 年由薩瓦伊傑辛格二世（Sawai Jai Singh II）所建立，位於德里西南方兩百多公里處，是德里前往拉賈斯坦邦觀光的門戶。齋浦爾是印度四色城市中的「粉紅城市」，或稱為玫瑰之城，舊市區裡放眼望去，建築物皆是深深淺淺的粉紅。然而，齋浦爾並不是一開始建城時就是這樣的粉紅城市，西元 1876 年時，英國威爾斯王子來訪，當時齋浦爾的王公拉姆辛格（Ram Singh）為了表達歡迎之意，下令一律將城內建築物漆為粉紅色，自此城裡的居民便沿襲著這個傳統，直至今日，成為齋浦爾的代表特色。

齋浦爾分為舊市區和新市區，古老城牆環繞的舊市區內街道呈棋盤格設計，整齊而方正，主要的古蹟景點皆位於舊市區；新市區以熱鬧的主要幹道 M.I. Road 為中心，火車站、中央巴士站皆在此。

舊市區內的主要景點相當集中，城市宮殿、風之宮殿、天文台、市集，皆可以安排在半天至一天內，以步行的方式漫步城區、細細品味。但齋浦爾的迷人風光絕不僅只於城牆圍繞的區域之內！市區東北方石山上的琥珀堡（Amber Fort）——卡奇瓦哈（Kachwaha）王國遷都平地以前的舊都城，壯觀而宏偉的城牆氣勢磅礡地聳立在山頭，富麗堂皇的宮殿建築與庭園設計，足可見得當時皇室主人公的豪奢生活。登上古堡的制高點，居高臨下遠眺山腳下的景致，遙想當年的君王坐擁整座都城的威風凜凜，這絕對是不可錯過的齋浦爾體驗！

旅遊亮點｜

◆ 城市宮殿（City Palace）

城市宮殿是由原在琥珀堡的君主薩瓦伊傑辛格二世在1729～1732年間開始著手建造的，其後經由王室歷代的繼承者陸續翻修增建直至20世紀，融合了印度建築古法、拉賈斯坦、蒙兀兒及歐洲建築風格，成了今日的風貌。宮殿的大部分已開放參觀，但仍保有部分建築物為王公家族的私有居住所，可以說是實實在在的活古蹟！

穿過入口處的門拱（Virendra Pol）所見到的第一棟建築即是迎賓宮殿（Mubarak Mahal），建於19世紀，作為君主招待貴賓的場所。現為紡織品展示館，展出王公貴族們的華麗服飾，如皇室的正式套裝、刺繡披肩、上等喀什米爾羊毛製品、絲質紗麗等等。

迎賓宮殿，現為紡織品展示館。

1|2
1 門拱前口咬蓮花的石雕大象。
2 私人謁見廳的水晶燈。

迎賓宮殿北側的華麗門拱（Rajendra Pol）通往一片露天的庭院，門拱兩側有兩隻石雕的大象，口中咬著蓮花，象徵皇權。庭院中央的粉紅色建築物就是私人謁見廳（Diwan-i-khas），這是過去王公與屬下商議事情的地方，有許多華美的水晶燈飾。入口處一對 1.6 米高的巨大銀壺，是 1901 年時虔誠信仰印度教的王公為了要遠赴英國參加愛德華七世的加冕儀式，卻擔心因而必須飲用外地的「不潔」水源，而打造了這對銀壺來承裝恆河之水，以供旅途使用。這也被列為金氏世界紀錄中最大的銀製容器。

私人謁見廳的右側有馬車博物館（Bagghi-khana）以及現在作為藝術品展示廳的公眾謁見廳（Diwan-i-Am）；左側穿過了孔雀門（Peacock Gate）便是另一座內部院落四季宮院（Pitam Niwas Chowk）。宮院的四面各有一扇門，分別以四季為裝飾的主題：最精緻亮麗的孔雀門代表秋天，獻給毗濕奴（Vishnu）；蓮花門（Lotus Gate）代表夏天，獻給濕婆神（Shiva）及其妻子帕瓦蒂（Parvati）；綠色的浪門（Leheriya Gate）象徵春天，獻給象神（Ganesh）；最後是玫瑰門（Rose Gate），代表冬天，獻給女神（Devi）。越過這座庭院即是七層樓高的月宮（Chandra Mahal），這裡目前仍是皇室成員居住的地方，僅有一樓開放遊客參觀，展出皇室的物品。

門票：**Rs. 400**

開放時間：**9：30 ～ 17：00**

英語語音導覽：**Rs. 80 / 人**

英語專人導覽：**Rs. 300 / 1 ～ 4 人**

1|2 1 七層樓高的月宮是目前皇室成員居住的地方，除一樓之外並無對外開放。
2 孔雀門。

1/2 1.2天文台內的大型觀測儀器。

◆天文台（Jantar Mantar）

城市宮殿旁的廣場，有一座座乍看有如現代藝術創作的大型展示品，那是由薩瓦伊傑辛格二世所建造的天文觀測儀器。這位在齋浦爾建城的君王，在國事之外，也是全心熱衷於觀測的天文學家。他不僅派學者至國外交流，更在德里、瓦拉納西等地陸續建造了天文觀測台，其中位於齋浦爾的這座則是最大也是保存最完整的。

印度自古以來便盛行天文占星術，從觀察天象來制訂曆法，甚至預測自然現象。這些龐大的石造儀器，都是具有不同功能的天文測量儀：日晷、黃道儀、星象儀等等，即便是數百年後的今日，依然可以正常運作，是印度古老智慧的最佳印證。

門票：**Rs. 200**

開放時間：**9：00 ～ 16：30**

◆ 風之宮殿（Hawa Mahal）

風之宮殿座落在齋浦爾舊市區熱鬧的大馬路邊，建於 1799 年，是屬於城市宮殿中延伸至後宮的一部分，至今亦是齋浦爾最具特色的建築之一。這座以粉紅色砂岩砌造的五層樓建築，與其說是「宮殿」，不如說是牌樓更為恰當。正面望去，盡是

1|2　1 風之宮殿密密麻麻的窗戶。2 突出的窗台設計，稱為 Jharokha。

從頂層的窗口望出去，可以俯瞰整座城市宮殿。

密密麻麻有如蜂窩的窗戶，一共有 953 個，稱為「Jharokha」，這種突出的窗台設計是典型拉賈斯坦建築的元素，除了裝飾性之外，更具有瞭望的功能。

風之宮殿設計的初衷，是要讓居住在深宮的皇族嬪妃們，得以透過窗口一窺外面的花花世界，又能不為外人所瞧見，因此這個所謂的「宮殿」並非是用來居住生活的空間，華美的窗樓之內，僅有通行的走廊、樓梯、空曠的平台。從一個個窗台的小口望出去，可以看到熱鬧的集市，若登上頂層，整座城市宮殿的景觀盡收眼底。

門票：**Rs. 50**

開放時間：**9：00 ～ 16：00**

◆ 琥珀堡（Amber Palace）

琥珀堡位於市區東北方 11 公里處的山丘之上，遠遠便可望見壯觀高聳的城牆圍繞，擁有極佳的戰略位置，是薩瓦伊傑辛格二世將王國遷都至平地的齋浦爾之前的舊都城。遊客多半搭車至山腳下，可以選擇步行上山，約花 15 分鐘左右，也可以選擇乘坐「大象計程車」的特殊體驗。

1 巍巍聳立在山丘上的琥珀堡。
2 從階梯拾級而上。

大象計程車。

琥珀堡主要分為四個區域，每個區域分別有一個中庭。從入口太陽門（Suraj Pol）進去後，便是第一個中庭（Jaleb Chowk），意為整頓軍隊之地，古時的王公即在此閱兵，右側有一座小神廟（Siladevi Temple），供奉希拉女神。沿著階梯向上，便來到第二個中庭，這裡主要的建築物是公眾謁見廳（Diwan-i-Am），雙排廊柱支撐著圓頂天棚的設計，外為紅色砂岩，其內為大理石，每一根廊柱皆有大象雕刻，這裡是王公會見人民的所在。

接著穿過雕飾華美、富麗堂皇的象門（Ganesh Gate），就是第三個中庭，這是王室的私人寓所，以一座蒙兀兒式的庭園為中心，兩旁分別為勝利廳（Jai Mandir）以及歡喜宮（Sukh Niwas）。勝利廳又稱為鏡廳（Seesh Mahal），從天花板乃至牆面

1 / 2 | 3 1 公眾謁見廳。2 象門。3 蒙兀兒花園及勝利廳。

以無數精細的鏡面鑲嵌、彩色玻璃裝飾而成，故得其名，被形容為「閃爍燭光之下的燦爛珠寶盒」。勝利廳的二樓有很好的視野，遠處的山景、山下的城區、較低處的城牆，一一盡收眼底。越過花園正對面的歡喜宮，是作為娛樂用途的場所，有一座檀香木大門，並設計有引水渠道穿過，當作天然的空調系統，保持整個空間的涼爽。

第四個中庭是後宮居住的地方，隔成許多房間，讓皇后嬪妃們居住，所有的房間皆是獨立設計、但面向同一個走廊，以方便王公於夜間進出。

門票：**Rs. 200**

開放時間：**9：30 ～ 16：30**

1/2 | 3 1 勝利廳又名鏡廳，以壁面華麗炫爛的鏡面鑲嵌裝飾得名。2 從勝利廳二樓眺望遠方的山景。3 俯瞰蒙兀兒花園的幾何設計。

* 建議從市區搭乘嘟嘟車至琥珀堡，約 40 分鐘車程，來回車資約為 Rs. 250 ～ 350，包含等候的時間。沿途還可經過水上宮殿（Jal Mahal），是座位於湖心中央的宮殿建築，於 1799 年建造完成，作為貴族的避暑勝地。雖已荒廢多時、不對外開放，但仍能從岸邊欣賞這水上宮殿、遙想當年貴族的豪奢生活！

水上宮殿。

旅遊安排要領｜

◆ 交通：

■ **搭乘飛機前來～**

機場距離市區約十多公里，有飛往德里、孟買等主要城市的國內航班，可至機場的預付車資櫃檯詢問，至市區的計程車約 Rs. 250、嘟嘟車 Rs. 150。

■ **搭乘火車前來～**

火車站位於新市區靠西側，步行 15 分鐘左右可以到較熱鬧的地區，或者在車站搭乘嘟嘟車。

◆ 住宿：

經濟型旅館多集中在新市區沿主要幹道 M.I. Road 及其巷弄中，齋浦爾同時也有許多由舊時貴族王公們的皇宮寓所改建而成的飯店，裝潢美輪美奐、奢華貴氣，讓入住的賓客擁有一夜的貴族夢。但這些高級飯店多分布在離鬧區較遠的位置，如有超過 175 年歷史的 Samode Haveli（http://www.samode.com/），每晚房價約在 Rs. 10,000 左右，淡季的優惠則接近半價；位於市區南邊的 Rambagh Palace（http://www.tajhotels.com/）屬泰姬集團旗下的高級飯店，每晚房價在 Rs. 20,000 ～ 70,000。

私心推薦｜

★ **Hotel Pearl Palace**：

CP 值極高的經濟型旅館，從一進門的小院落、門廊、樓梯間、乃至於房間的擺設，皆由主人以藝術品精心布置，充滿異國風情，並且乾淨舒適。提供 WIFI 上網，交誼廳內也有公用電腦可以使用。每晚房價約在 Rs. 800 ～ 1,200，這是相當熱門的旅館，建議提早預約。

頂樓的 Peacock Rooftop Restaurant 也是人氣很高的餐廳，提供印度、西式、中式等料理。

★ **Lassiwala**：

M.I. Road 上販賣印度優酪乳的老字號小店鋪，使用拋棄式的陶杯呈裝。

1｜2 1 Hotel Pearl Palace 的溫馨雙人房。
2 優酪乳店鋪 Lassiwala。

特別提醒：

- 齋浦爾以盛產珍貴的寶石著名，坊間不乏各種規模的店鋪販售各式各樣的珠寶首飾。在這裡確實有機會購買到物超所值的寶石，但若買家本身並無寶石鑑識相關知識，千萬得謹慎小心，不要輕易被店家或掮客牽著鼻子走！很多時候，價格的量尺是每個人不同的主觀判斷，只要能換得愉快的心情，花小額的金錢買些小東西作為旅途的紀念，這種快樂回憶是無價的，而珠寶的真偽、檔次的高低有時反而不是真的那麼重要。相反的，若是一味相信店家天花亂墜的説詞，明明不知市場行情、也不知如何判斷珠寶品質，卻掏出大把鈔票、自認為買越多賺越多，則要小心掉入騙局而因小失大。
- 齋浦爾有提供五合一的景點套票（composite ticket），Rs. 350 的套票可以參觀以下五個景點：中央博物館（Central Musuem）、風之宮殿、天文台、琥珀堡、納哈加爾堡（Nahargarh Fort）。可以衡量自己計劃去哪些景點、時間是否足夠，再考慮購買套票是否較划算。

河流包容他們，
依舊流呀流地。人間之河，
人間深河的悲哀，我也在其中。
～《深河》遠藤周作（日本名作家）

恆河河畔的古城瓦拉納西。

D.
靈魂的
最終歸宿／瓦拉納西（Varanasi）

瓦拉納西 Varanasi 是位於恆河河畔的古老城市，而恆河是印度的生命之河。這源於喜馬拉雅山的神聖之水不僅僅成就了瓦拉納西平原的肥美富庶，更是虔誠的印度教徒終生信仰與靈魂的依歸，他們一生最終的夢想，便是死後能夠在此火化，讓聖河之水洗清所有的罪惡，最後淨化的靈魂便能回歸永恆的喜樂淨土。

印度人深信，瓦拉納西從人類存在之初便已存在了。在古印度的神話經典記載中，瓦拉納西是濕婆神（Shiva）所建立的城市，她不僅是印度教的聖城，同時也是釋迦牟尼初轉法輪、開始講授佛法的地方，在佛教發展史上占有相當重要的地位，是佛教四大聖地之一，有著濃濃的宗教氛圍。

恆河之水雖然流經北印度許多城市，但在瓦拉納西這座千年古城，最能欣賞品味恆河之美帶給心靈的震撼。她的美，顯現在人們虔誠仰望的神情之中，也在恆河所包容的生與死之中。古老的城區依河階而建，這裡不若規劃完善的現代化都市，錯綜複雜的巷弄隨著地形忽上忽下，一不留神就迷失了方向。狹窄的通道間，跟你錯身而過的也許是大搖大擺走在路上的牛！泥土路黃沙飛揚，不時看得到垃圾和牛糞。而那神聖的恆河母親，若要帶著衛生檢驗的有色眼鏡來看，恐怕會因為上面漂浮著的垃圾而遠遠卻步。誠實地說，這裡的環境衛生條件有待加強，但這不完美卻是真實印度的一面。儘管如此，這座聖城仍有種深邃而靜謐的神祕之美，讓人沉醉流連於那奇異的氛圍中，所以這或許不是最舒適的城市，卻是最印度的城市！如果必須要挑出一個最能體驗印度的地方，瓦拉納西肯定會是首選！

旅遊亮點｜

◆ 恆河河階（Ganga Ghat）

一連串沿著恆河西岸延伸的河階，引領人們從塵世的喧囂步入神聖的母親之河。數十個大大小小的河階，多半為沐浴、洗衣等日常用途，亦有少數作為火葬場的河階，用途的區別絕對不可混淆！以下為幾個較知名的河階：

達薩斯瓦美河階（Dasaswamedh Ghat）：位於聯外主要道路的盡頭、舊城區河階的中心位置。每晚 7 點在此進行聖河夜祭儀式（Ganga Aarti），從日落時分這裡便開始聚集著觀賞儀式的人潮或船隻，相當熱鬧。

瑪尼卡尼卡河階（Manikarnika Ghat）：主要的火葬場。河階上堆疊著的木柴是作為焚燒屍體之用，不同等級的木柴亦有不同的價格。可以觀看火葬的儀式，但請務必保持嚴肅靜穆以及對逝者的尊重，並切記不能拍照。

阿西河階（Assi Ghat）：上游最主要的河階，相較於熱鬧的中心區，這裡的氛圍更為寧靜，有許多較高級昂貴的旅館在此。如果希望能夠遠離嘈雜，這區會是住宿的好選擇。

1/2/3 1 載運火葬所使用的木柴的船隻駛近瑪尼卡尼卡河階。2.3 清晨在恆河旁沐浴的人們。

1/2|3 1 河階也是曬衣場。2 搭船遊河。3 恆河日出。

瓦拉納西的河畔日出是人生中不可錯過的美景！東方未白之際，乘著小木船出發，船伕會沿著河階特殊的建築或歷史做簡單的導覽。此時河階上已慢慢開始出現晨浴或是洗衣的人，一邊觀賞河階風光，一邊等待日出美景，直到一輪火紅的火球從河階對岸的雲層間出現，寧靜的河面上奇異的紅光，那美景將令人永生難忘！

亦可以在傍晚時分出發，欣賞恒河的日落美景，並於 7 點時回到達薩斯瓦美河階，從另一個角度觀看夜祭。可以向小販買一份花燭，點燃後放在河面上，向聖河禮敬（puja）。船隻向岸邊靠攏準備觀賞儀式時，甚至會有孩子們輕盈地穿梭跳躍船隻之間，就這麼兜售著花燭呢！

人潮聚集的達薩斯瓦美河階或是阿西河階附近皆有許多船夫在招攬生意，1.5 ～ 2 小時的船程約為每人 Rs. 150 ～ 200，當然議價仍是免不了的。

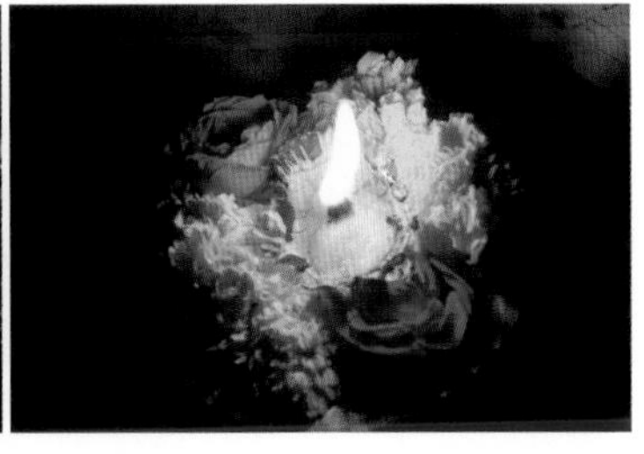

1|2　1 恆河夜祭。2 夜祭時放入河水中的花燭。

◆ 市集

沿著達薩斯瓦美河階拾級而上，便可以通往當地市場，從路邊攤到巷弄的小店鋪，蔬菜水果、生活雜貨、布料衣物、香料香粉等等，應有盡有。可以在河階上觀賞完夜祭之後，順著人潮往市場走，巷弄間燈火通明，就像逛夜市一樣！

瓦拉納西特別以錦緞藝品和紗麗聞名，然而，若讓掮客或是三輪車司機介紹去某些店家購買時，難保不會一時糊塗掉入高售價低品質的陷阱。因此，如果真的對這類商品有興趣，還是自己貨比三家再做決定。

◆ 鹿野苑（Sarnath）

瓦拉納西北方十多公里處的鹿野苑，從舊城區搭乘嘟嘟車，約半個小時車程（Rs. 150 ～ 250），這裡是佛陀初次向世人開示佛法之處。西元前三世紀，篤信佛教的阿育王於此地大舉建了佛塔、修道院以及雕刻石柱，然而，歷經了兩千三百年的歲月之後，隨著佛教在印度從興盛到衰滅，又於 12 世紀時受到突厥人的回教大軍攻擊破壞，曾經盛極一時、僧人匯聚的鹿野苑，如今卻是廢墟般的遺跡，只剩下法王塔（Dharmarajika Stupa）的基座以及保存最為完整的達美克佛塔（Dhamekh Stupa）。39 公尺高的達美克佛塔聳立在整座園區的牆垣遺跡之中，除了是少數留存下來的阿育王時期建築，更成了鹿野苑的代表性地標。

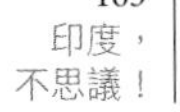

1/2

1 法王塔的基座遺跡。
2 達美克佛塔。

1/2
1 達美克佛塔上的雕刻。
2 摩犍陀俱提寺。

除了遺跡之外，還有一些在近代所建的佛寺，如摩犍陀俱提寺（Mulgandha Kuti Vihar）於 1931 年建成，寺外的菩提樹，相傳是佛陀當年在菩提加耶（Bodhgaya）悟道的菩提樹接枝而生的。

門票：Rs. 100

開放時間：日出～日落

【延伸旅程：佛教聖地之旅】

西元前五世紀時，佛教發源於印度，雖然現今在印度本土已式微，但北印度恆河流域一帶，仍存留著四大佛跡，是佛教徒心中的聖地。

佛陀（Buddha）意為覺悟之人，他原是釋迦國的王子，於29歲那年毅然決然拋下所有、展開求道的過程，希冀能悟得自無常人生中解脱的法門。佛陀悟道之後，便不間斷地行走於各國講道、渡眾生。四大佛跡見證了佛陀誕生至寂滅的重要生命歷程，無論你是否為佛教徒，無論你是否抱著朝聖的目的，但走在佛陀走過的足跡之上，彷佛就能感受到他無所不包的慈悲心，以及來自天地間穩定而莊嚴的力量。

佛教聖地之旅

蘭毗尼園（Lumbini）誕生（於現今尼泊爾境內）
菩提伽耶（Bodhgaya）成道
鹿野苑（Sarnarth）初次說法
拘屍那迦（Kushinagar）入滅

旅遊安排要領｜

瓦拉納西是最具古老印度風味的城市，在這裡，我們如實感受到印度人與恆河母親密不可分的日常生活，也深切體驗到信仰在他們的生活中是如此重要的一環。來訪瓦拉納西，很值得在這裡放慢腳步，找間河畔的民宿住個幾晚，細細品味這裡特有的氛圍，即使是在迂迴的河階巷弄中迷了路，也會是個美好的經驗！

◆ 交通：

■ **搭乘飛機前來～**

瓦拉納西的巴巴特布機場（Babatpur Airport）位於瓦拉納西北方 22 公里之處，搭乘計程車或嘟嘟車至舊城區河階處，費用約為 Rs. 400 / 200。

■ **搭乘火車前來～**

抵達瓦拉納西火車站（Varanasi Junction Train Station）後，至預付購票乘車處（Prepaid Stand）搭乘計程車或者嘟嘟車至舊城區河階處，費用約為 Rs. 200 及 100，也可到車站外找更便宜的人力車。

■ **市內交通方式：步行**

進入河階區域，各類機動交通工具都無法進入，需要萬能的一雙腳。

◆ 住宿：

儘管在火車站周圍有中高級以上的旅館，但來到了瓦拉納西，住宿恆河畔會是最難忘的體驗！恆河河畔的旅館集中在舊城區河階及上游阿西河階（Assi Ghat）一帶，有最多的選擇，價格區間約在 Rs. 500 ～ 2,000，面河景第一排的旅館及房間價位是最高的，如果不特別要求房間內要有面河景觀的話，可以往巷弄間找找，會有物美價廉的發現！

如 Palace on Steps，位於達薩斯瓦美河階再往上游不遠處的拉那瑪哈河階（Rana Mahal Ghat），地處中心區，交通相當便利。老舊的建築外觀看得出百年歷史的痕跡，重新整修過的內部裝潢雖然還達不到現代化的標準，但整潔及舒適度是沒問題的。有不同的房型可以選擇，當然價格因而不同，擁有陽台及獨立

旅館陽台一隅，可眺望恆河美景。

西式衛浴的河景房當然是首選，從房間內就可以觀賞恆河的日出之美。

http://www.palaceonstep.com/

特別提醒：

- 河階巷弄錯綜複雜，很容易迷路，特別是夜晚時有些區域的照明不佳，甚至也常會停電，建議盡量別在晚上單獨外出，若要出門也要記得帶手電筒。
- 河階處常有身穿橘袍的印度教僧人，有時他們會主動逕行對路過的觀光客在額頭上點下紅點表示祈福之意，但之後可能會收取些許費用，若是不喜歡這樣的感覺，建議一開始便直接婉拒，以免產生後續的糾紛。若是想要拍攝這些僧侶，可能也會被索取費用，要特別注意。
- 靠近火葬場河階時，有時會有人聲稱要帶你去視野較佳的地方觀看，沿途也熱心進行恆河火葬儀式的解說，最後則是請你捐錢幫助一些買不起火葬木柴的窮人。遇到這樣的狀況時，最好一開始就問清楚，再決定是否要前往或是拒絕，以避免後續不愉快的糾紛。

1/2 1.2 恆河景致。

「你只需要說出這個短短的字，
我知道這聽來有些荒謬，
但卻是千真萬確的，
這咒語的神奇魔力將會給你答案，
而你只需要相信。」

～披頭四《快樂瑞斯凱詩之歌》

瑞斯凱詩位於恆河的源頭，這裡的聖河之水沁涼而潔淨。

E.
聖河源頭的
靈性之都／瑞斯凱詩（Rishikesh）

瑞斯凱詩 Rishikesh 是通往喜馬拉雅山的門戶城鎮，以印度三大主要神祇之一的毗濕奴（Vishnu）的另一個名字Hṛṣīkeśa為名，意為感官之神。恆河聖水從高山源頭流經此處，清澈翠綠而沁涼。這裡是印度教的聖地，長久以來，在這遠離塵囂的喜馬拉雅山間谷地，聚集了許多潛心修行的僧人，建立了許多寺廟、道院、瑜珈道場，也被譽為瑜珈之都或是瑜珈的故鄉。

恆河流經穿過這座城鎮的中央，因此以兩座吊橋連接著兩岸的往來：拉姆橋（Ram Jhula）及更往上2公里左右的拉克什曼橋（Lakshman Jhula）。青山綠水間的兩座吊橋成了瑞斯凱詩的地標，同時也是城鎮熱鬧的人聲聚集所在，有許多西式的餐廳和店家。

這個寧靜的山城小鎮，每年吸引數十萬的遊客來此，在喜馬拉雅山間神聖靜謐的氛圍中沉澱心靈，享受一段靈性的假期。瑞斯凱詩是國際知名的城市，1968年時，英國流行樂團披頭四（The Beatles）因醉心於東方神祕主義而到此修習靜坐冥想，在當年披頭四可是紅透半邊天的偶像，所到之處無不引起一陣旋風，因而國際傳媒自然也以大篇幅報導這個神祕的東方城市，自此瑞斯凱詩便成為享譽國際的靈修聖地。

當年披頭四足跡所至的修道院至今雖已荒廢，但瑞斯凱詩始終不乏提供各類型瑜珈、冥想、靜心、靈修活動的場所及學院。若你是慕名「瑜珈之都」而來到此地學習瑜珈，這裡提供了為數不少的選擇，從國際師資證照訓練到初學者的一日體驗，皆能在這裡找到適合的學習課程。如果時間允許的話，可以在瑞斯凱詩多待上幾天，這裡不若其他以觀光為主的城市有許多「必訪景點」，相反的，在這裡適合放慢步調、也放空思緒，享受山間的清新空氣、徐徐微風，漫步在恆河河畔，在莊嚴的梵唱聲中，找回內心的安定和平靜。

旅遊亮點｜

◆ 恆河

瑞斯凱詩位於恆河的上游，這裡的恆河之水清澈幾可見底，與一般印象中下游的泥沙和汙染有著天壤之別，所以在這裡沐浴和戲水，是最自然且沁涼人心的享受。或是僅僅坐著河階上、甚或找一塊淺灘處的大石塊，如同喜馬拉雅深山的修行者一樣地靜坐冥想，在大自然間，與天地融為一體，也是另一種體驗。

每天傍晚日落時分，在河階會有禮敬恆河的儀式，以梵唱的樂聲、鮮花燭火感謝賜予生命的恆河母親。

除了瑜珈和靜心，瑞斯凱詩也提供了另一種較刺激的活動選項——激流泛舟（White water rafting），這是近年興起的熱門戶外活動。這裡的恆河河段是在等級三和四的中難度泛舟，吸引許多印度本地以及來自歐美的遊客。

1/2 1 緣河而建的房舍。
2 滿月之下的恆河水岸。

1/2

1 每天傍晚由帕瑪斯尼克坦修道院所主持的禮敬恒河儀式。
2 戶外活動的選擇：泛舟。

◆ 拉姆橋（Ram Jhula）＆拉克什曼橋（Lakshman Jhula）

拉姆橋（Ram Jhula）和拉克什曼橋（Lakshman Jhula）這兩座吊橋是瑞斯凱詩最著名的地標。它們連接了恒河的兩岸，是熱鬧的商業聚集處，從清晨時分開始，來來往往的人們絡繹不絕，伴隨著從日出到日落的光影變化，也成了最能代表瑞斯凱詩的景致。

1 吊橋兩端皆是人聲聚集的熱鬧區域。
2 吊橋在不同時刻、不同角度的風貌。

◆ 瑪哈瑞西修道院（Maharishi Mahesh Ashram）

瑪哈瑞西（Maharishi Mahesh Yogi）在 60 ～ 70 年代因教授超覺靜坐法（Transcendental Meditiation）而揚名國際，許多西洋樂壇的名人如：披頭四（The Beatles）及海灘男孩（The Beach Boys）皆曾是他的門下弟子。而瑪哈瑞西設於瑞斯凱詩的這所修道院，即是 1968 年披頭四樂團的四名成員遠渡重洋而來追隨瑪哈瑞西學習的地方，因而這裡也被稱為披頭四修道院（Beatles Ashram）。

沿路的指標：瑪哈瑞西修道院又被稱為披頭四修道院。

然而，這間曾經盛極一時的修道院，如今已經廢棄在森林間，雖歸為政府所有，卻不見有官方的管理者來經營或維護。前往路口的小徑掩沒在雜草間，廣大的院區內布滿荒煙蔓草。這裡並非正式的觀光景點，事實上大門上甚至還掛著禁止進入的告示，然而熟悉附近又充滿著生意頭腦的印度人，可不會放過這個可以賺點小

約翰 · 藍儂當年在此地的個人冥想房。

錢的機會，因此會看到不少印度年輕人徘徊在附近，等候那些想要到此一探究竟的遊客，幫忙帶路和介紹，並酌收一點費用（Rs. 50 ～ 200 不等）。

位在林間的院區占地相當廣大，一棟棟建築物各具不同功能：講堂大廳、瑜珈大廳、廚房等等，從宿舍房間的數量亦不難看出當年這裡曾經吸引多少人慕名前來！還有最特別的是一座座有如蛋型的個人獨立冥想空間，內部是兩層樓的設計，甚至還有西式現代化廁所。當年披頭四的主唱約翰 · 藍儂（John Lennon）便是在第九號的冥想房內完成了許多音樂創作，收錄在後來發行的白色專輯（The White Album）中。

由於荒廢已久，並無人維護打掃，但建築物大體上是安全

1 以披頭四為主題的彩繪創作。
2 從建築物的頂樓俯瞰恆河美景。

的，某些建築物的內部，不知道是哪些有心人彩繪了許多以披頭四為主題的畫作和文字，充滿了鮮活的色彩和飛灑的創意，就如同披頭四對音樂和生命的熱情，以及他們宣揚愛與和平的理念。

仍要特別提醒的是，由於這裡並非正式對外開放的景點，建議務必結伴同行，且須對自己的安全負起全責！

【來瑜珈之都上一堂瑜珈課吧！】

每年都有許多瑜珈練習者專程來到瑞斯凱詩進修充電，然而，即使是從來不曾練習瑜珈的旅人，一旦來到這個瑜珈之都，也都會想趁此機會在這個瑜珈的發源地體驗一下正統的瑜珈體位法課程。在瑞斯凱詩，幾乎可以說是三五步便是一個瑜珈學校，絕大多數的教室也都接受學生現場直接報名當日課程（drop-in），無須預約。以提供單堂課程的學校來說，每堂課約在 60 ～ 120 分鐘之間，費用大約是 Rs. 250 ～ 300；如為修道院內的課程，則是採自由捐獻；也有一些學校提供國際認可的瑜珈教師認證訓練，而這樣的課程通常同時也包含了食宿。

然而，瑜珈有不同派系的理論基礎，每個老師也都有個人的教學風格，如果只是短期的停留，能否遇到適合自己的老師及授課方法，其實也要看各人的運氣和機緣，建議先以單堂報名的方式試看看，再決定是否要繼續跟著這位老師上課或者另覓其他教室。另外，則是建議大家帶著開放的心態，無論嘗試的結果如何，都當成是一次珍貴的體驗！

在這裡，列出一些當地較為知名的瑜珈中心，同時要注意的是，多數瑜珈學校會在淡季（約是四月至九月左右）的時候停課，要前往之前，先確認好相關資訊，以免白跑一趟了。

◎ 奧克拉南達瑜珈中心

（Omkarananda Ganga Saden Patanjala Yoga Kendra）

由來自瑞士的女老師 Usha 教授艾揚格瑜珈（Iyengar Yoga），

強調體位法中的正位原則，對於每個瑜珈動作中骨骼、肌肉的運用有極盡詳細的解說與指令，並利用瑜珈磚、瑜珈繩、專業壁繩等輔具，幫助學生達到瑜珈體式正位。Usha 以認真嚴格的教學方式聞名，是相當有名氣的老師。中心的課程有分為進階密集課程以及普通課程，前者需要事先報名、且需有兩年以上練習的經驗；後者則對大眾開放，可以隨堂加入，但一次報名一週的課程費用較划算。報名的學生除了每天 6：00 ～ 7：30pm 的正式授課時間以外，早晨亦可以至教室進行自我練習，會有老師個別輔導。請先上網站查詢開課時間。

中心的一樓為瑜珈教室和商品部，販售艾揚格（B.K.S Iyengar）大師的瑜珈相關著作、瑜珈輔具、T-shirt 等等，二樓及三樓提供套房及雅房住宿。

http://www.iyengaryoga.in/

奧克拉南達瑜珈中心。

◎ 施華南達修道院（Sivanada Ashram — The Divine Life Society）

瑞斯凱詩最為悠久的修道院，由施華南達（Swami Sivananda）於 1936 年創立，目前在許多國家皆有分會，此處為總部，其宗旨不僅僅為推廣瑜珈、提昇靈性生活，同時更致力於慈善服務事業，把內心的和平與愛回饋給社會。

施華南達修道院的瑜珈教室。

院區占地相當大，有多棟建築物、圖書館、寺廟等等，每天從早晨 5：00 開始即有不同的課程或活動，如靜坐冥想、梵唱（chanting）、瑜珈體位法（yoga asana）、呼吸法（pranayama）等等，所有課程皆採隨喜奉獻，亦無須預約報名，課程時間表請參考網站。

施華南達修道院提供免費食宿給有心想來這裡上課和靈性成長的人，但需要事先以 e-mail 提出申請，詳見網站說明。

http://www.sivanandaonline.org/

◎ 帕瑪斯尼克坦修道院（Parmarth Niketan）

是瑞斯凱詩最大的修道院，擁有美麗的花園和一千個以上的房間提供住宿，每天傍晚的禮敬聖河儀式正是由該修道院在院區外的河階舉行。

這裡除了每日固定的一般瑜珈課程（可隨堂報名參加）之外，也有針對特殊主題的課程：瑜珈靈修營、初學者強化課程、瑜珈潔淨法（Kriya Yoga）、瑜珈師資課程、瑜珈經典文本導讀等等，詳細開課日期、日課表請參閱網站介紹。一般瑜珈課程及食宿皆採取隨喜奉獻。

帕瑪斯尼克坦修道院也是一年一度的國際瑜珈節（International Yoga Festival）的主辦單位，每年春天會邀請世界知名的瑜珈大師齊聚在此，展開為期一週的瑜珈課程，囊括了不同派別、形式的瑜珈，吸引來自各國的瑜珈愛好者一同參與。

http://www.parmarth.com/

◎ 塔瓦瑜珈（Tattvaa Yoga）

這間位於恒河河階上的小教室以教授阿斯坦加瑜珈（Ashtanga Yoga）為主，強調呼吸專注與串聯動作的配合。一整面的落地窗直接正對恒河美景，絕佳的課室環境是這間教室的最大特色！

塔瓦瑜珈位於恒河河階上的瑜珈教室。

除了阿斯坦加瑜珈之外，也有放鬆舒緩的睡眠瑜珈（Yoga Nidra）和靜坐冥想課程。接受隨堂加入報名，但若一次報名多堂課，費用會較為划算。

http://www.tattvaayoga.com/

旅遊安排要領｜

◆ 交通：

■ 搭乘飛機前來～

離瑞斯凱詩最近的機場位於德拉敦（Dehrndun），每日有往來德里的航班。抵達後，可於機場直接搭計程車前往瑞斯凱詩，車程約 1 ～ 1.5 小時。

■ 搭乘火車前來～

瑞斯凱詩雖然也有火車站，但僅有少數開往哈瑞德瓦（Haridwar）的慢車班次。對遊客來說，最便捷的交通方式是搭到哈瑞德瓦火車站之後，再搭乘計程車或嘟嘟車至瑞斯凱詩，哈瑞德瓦到瑞斯凱詩約半個小時車程。

往返於恒河兩岸間的渡船。

■ 市內交通方式：渡船

往返恆河的兩岸，除了走吊橋之外，另一個方式是乘坐渡船。從日出至日落有渡船不斷往來於兩岸，每趟船資為 Rs. 5。

渡船票的售票亭。

◆ 住宿：

拉姆橋和拉克什曼橋為中心的鄰近區域，有提供各類型的住宿選擇：中小型旅館、民宿、修道院等。來到聖城瑞斯凱詩，修道院住宿會是一項特別的體驗，在神聖靜謐的氛圍中，潛心學習或靜心；在簡樸的食宿和規律的作息中，享受簡單生活帶來的簡單快樂。有些修道院提供的住宿沒有設定收費標準，而是以自由捐獻的方式。基於修道院本身的性質，門禁時間和環境維護等規定相對較為嚴謹，務必尊重他人並且自重。以下列出一些可提供住宿的修道院：

- 施華南達修道院（Sivanada Ashram — The Divine Life Society）
  http://www.sivanandaonline.org/
- 奧克拉南達瑜珈中心（Omkarananda Ganga Saden Patanjala Yoga Kendra）
  http://www.iyengaryoga.in/
- 帕瑪斯尼克坦修道院（Parmarth Niketan）
  http://www.parmarth.com/

1/2
1 吠陀尼克坦靜修中心。
2 奧克拉南達瑜珈中心的二、三樓提供住宿。

- 瑜珈尼克坦靜修中心（Yoga Niketan）

  http://www.yoganiketanashram.org/

  ＊須停留十五日以上，住宿費用為每日 Rs. 900 起，包含食宿和課程：冥想、瑜珈體位法、瑜珈哲學。

- 吠陀尼克坦靜修中心（Sri Ved Niketan）

  https://www.facebook.com/ShriVedNiketanDhamRishikesh

私心推薦｜

★ Honey Hut Café

這是一家印度本地以天然蜂蜜為主題的西式連鎖餐飲複合店，創立於 2007 年，以自有養蜂場所產的天然蜂蜜，提供蜂蜜的創意飲品和甜鹹餐點，同時也販售罐裝蜂蜜和自有品牌的蜂蜜護膚系列產品。店內的空間寬敞、採光明亮，是很舒適的用餐環境，在用餐後也別忘了逛逛各類蜂蜜的相關商品，物美價廉，送禮自用兩相宜！

http://www.honeyhutindia.com/

★ Chotiwala

當地一家由家族經營的印度料理快餐店，有南、北印度的特色菜和套餐（Thali）。門口的高椅子上總會有一個特殊裝扮的人坐著在招攬生意，相當有趣！

http://www.chotiwalarestaurant.com/

1｜2

1 Honey Hut Café 的明亮裝潢與美味餐點。2 Chotiwala 店門口用特殊裝扮來招攬客人。

特別提醒：

- 瑞斯凱詩是印度教徒的聖地，同時也是全素食的城市，所有的餐廳和店鋪皆不供應任何含有肉類及蛋類的食品，更遑論菸酒類了。來到此地，就試著融入這樣的飲食文化吧！
- 有些瑜珈教室或道場每年會有固定幾個月休館不開課（通常是在四月至九月的旅遊淡季），如果心中有屬意或計劃特別要去哪一間教室進修的話，務必要事前確認開課的時間，以免落空一場。
- 瑜珈行者過著規律寧靜的生活，在瑞斯凱詩幾乎沒有夜生活，店家或餐廳都很早休息，日落之後整座城市很快就熄燈入睡了，所以外出用晚餐時要記得攜帶手電筒，以免回家的路上照明不佳。
- 瑞斯凱詩是宗教聖城，常能見到穿著橘紅色衣袍的苦行僧，儘管我們對於修行者和出家人總會懷有敬意，但卻仍要當心有些不法之徒想藉由莊嚴僧袍的掩護而從事非法勾當，因此，即便是與穿著僧袍的人結識交談，也要保持同樣的警覺心，如果覺得對方的言談行為或者提出的要求有些怪異，千萬要勇於拒絕。

大吉嶺是世界知名的茶鄉，放眼望去，茶園美景盡收眼底。

這裡為全人類所渴慕一見的土地，
只要驚鴻一瞥遠勝過世間其它美景的加總。
～馬克吐溫（美國作家）

F.
滿溢英格蘭
風情的茶鄉／大吉嶺（Darjeeling）

大吉嶺 Darjeeling 是位於喜馬拉雅山麓的城市，平均海拔兩千多公尺，由於山城宜人的風光和溫和的氣候，自英屬印度時期以來，就一直是英國貴族級統治階層的避暑勝地。而19世紀中葉所引進的茶葉生產技術，使得當地培育出的紅茶品種揚名國際，直至今日，「大吉嶺」幾乎成了高檔紅茶的同義詞。

山城，顧名思義即是沿著山脊而建的城市，雖是風光明媚、空氣清新，但在狹長的城區範圍內，卻多是上上下下的斜坡和走不完的窄小階梯，市區內的移動得仰賴強健的腿力。英式建築的房屋、校舍和教堂，訴說著大吉嶺的殖民歷史，放眼望去，群山連綿和茶園風光，更成了大吉嶺的代表風情畫！天氣晴朗時，還可以清楚地看見終年白雪覆頂的世界第三高峰——康城章嘉峰（Kanchenjunga）。

除了是紅茶的故鄉，大吉嶺同時也以喜馬拉雅的環山鐵路系統聞名，被暱稱為玩具火車（toy train）的古老蒸汽火車和60釐米寬的窄軌鐵路，於1999年被聯合國教科文組織列為世界遺產。行駛於平地的新甲培古里（New Jalpaiguri，簡稱NJP）和大吉嶺車站間，全程超過7.5小時，沿途可欣賞喜馬拉雅山的美麗山景，是印度最具代表性的登山鐵路。

1 英式建築訴說著殖民歷史。
2 恣意飽覽山景是在大吉嶺最大的享受。

由於地緣關係，大吉嶺也聚集了不少的尼泊爾人、西藏人、錫金人在此居住，帶來不同的文化色彩，還有來自歐美和世界各地的觀光客，加上英國殖民風格的城市建築，讓這裡呈現了不同於典型印度城市的歐香情調。

天氣晴朗的時候，可以眺望康城章嘉峰。

在大吉嶺，不需要追逐太多的觀光景點，只要找一間推開窗戶就能看見喜馬拉雅山的旅館住下，從破曉時分，用雲海和日出迎接美好一天的開始；在市中心喬拉斯塔廣場（Chowrasta）附近的小攤子享用一頓美味卻便宜的早餐，接著展開悠閒的城市漫步；逛累了，就隨意找一間茶館，點一壺大吉嶺紅茶，再配上精緻可口的蛋糕，傍著無敵山景，平民的價格，卻是貴族的享受！

旅遊亮點｜

◆ 快樂谷茶園（Happy Valley Tea Plantation）

快樂谷茶園建於1854年，是大吉嶺最早的茶園，同時也是全世界海拔最高的茶廠之一。茶園位在離市區不遠處的希爾卡

1 群山間的日出和雲海。
2.3 喬拉斯塔廣場附近的路邊攤美食。

路（Hill Cart Road）下方，在市中心西北方約 3 公里處，是段輕鬆愉快的散步路程，因此成為非常熱門的觀光景點。

一走進茶園，便是滿山遍野的綠意盎然。一般來說，三月至五月是最繁忙的採收季節，可以參觀採收及製茶的過程，然而，即便不是採茶季，僅僅是在這座群山圍繞的茶園間漫步，也充滿令人賞心悅目的快意！

門票：免費（雖然沒有收取入園費用，但可能會有當地人「熱心」帶路並收取報酬。可以視情況酌量給 Rs. 50 上下的小費，或者一開始就明言拒絕。）

開放時間：9：00am ～ 4：00pm，週日及週一不開放。

1/2 | 3　1.2.3 快樂谷茶園。

大吉嶺小火車。

◆ 玩具火車之旅（Toy train tour）

知名的大吉嶺 · 喜馬拉雅鐵道，又稱為玩具火車，從起點站新甲培古里至終點站大吉嶺，總長 78 公里，全程需時 7.5 小時。其中從新甲培古里至庫爾塞（Kurseong）這段是由柴油引擎車頭牽引，庫爾塞至終點大吉嶺這段則改換為蒸氣火車頭。火車行駛約六個多小時之後，會到達這段鐵路的最高點、同時也是全印度海拔最高的火車站──古姆（Ghoom），再過約 20 分鐘便會經過著名的環型鐵路（Batasia Loop），列車軌道在此處呈現一段迴圈，以減緩坡度的陡差。過了環形鐵路段，便是終點大吉嶺站。

由於玩具火車車速緩慢，可以放鬆心情、隨著坡度的爬升仔細欣賞沿途的景色變換。若覺得搭乘全程太耗時，也可以搭吉普車至古姆之後，再搭乘古姆至大吉嶺（或是回程）的路段，可以節省時間，但同樣能夠體驗這段懷舊復古又風光明媚的玩具火車之旅！

同時，印度國鐵也推出了專為觀光客設計的大吉嶺玩具火車半日遊，上午和下午各有一個班次從大吉嶺站出發至古姆，包含參觀位於古姆的大吉嶺火車博物館（DHR Museum）的門票及往返的車資，詳情可以參閱印度國鐵官網：http://www.irctc-tourism.com/Trains/HillCharters/hillTravelPlanner.html。

◆ 喜馬拉雅山日出

群山間曙光乍現的破曉時分，是在大吉嶺不可錯過的美景之一。觀賞日出最出名的景點就是虎嶺（Tiger Hill），標高2,590公尺，位於城市東南方10公里處，可以欣賞旭日從綿延的群山間升起的壯闊景象，甚至還可以看見聖母峰。若要前往虎嶺，要在清晨4點至4點半間出

旅館的窗外就能觀賞群山間的日出美景。

發，可以事先預約好計程車，或者至計程車招呼站搭乘，或者沿著甘地路（Gandhi Road）或雷登拉路（Laden La Road）搭乘共乘吉普車。注意在清晨時刻的高山區，天候尤其寒冷，務必要準備禦寒的衣物。

然而，其實也不一定要去虎嶺才能看到美麗的日出。事實上，大吉嶺大部分的旅館都是面山而建，並且多半都標榜著坐擁無敵山景，如果房間的視野夠好，只要在破曉之際推開窗戶，從房間內便能一覽絕美的日出，這時，再跟旅館點一杯熱騰騰的現煮奶茶，這難道不是世間極致的享受嗎？

旅遊安排要領｜

◆ 交通：

■ **搭乘飛機前來～**

離大吉嶺最近的機場位於巴格多格拉（Bagdorgra），每日有往返於加爾各答和德里的航班。抵達後，須至西里古里（Siliguri）或新甲培古里（NJP）搭乘共乘吉普車或火車至大吉嶺。

＊西里古里和新甲培古里為臨近的雙子城，是通往喜馬拉雅山區各城市的重要交通轉運站，這兩個城市各自有以其為名的火車站和客運站，但距離很近，因此不論是到西里古里或是到新甲培古里，其實都是指同一個區域，在此便可以找到轉乘至大吉嶺的共乘吉普車。

往來於山區城市間的共乘吉普車。

■ 搭乘火車前來～

從新甲培古里站可以搭乘玩具火車至大吉嶺，全程為 7.5 小時，適合時間充裕、又想要慢慢欣賞沿途風光的旅客。

■ 山區交通方式：共乘吉普車

吉普車是喜馬拉雅山區最普遍也最便捷的交通方式。新甲培古里的車站外便有前往大吉嶺的共乘吉普車招呼站，載滿十人便開車，一人的車資為 Rs. 250，行李置放於車頂上。

◆ 住宿：

大吉嶺有不少歷史悠久、建築風格流露著濃厚殖民氣息的度假飯店，裝潢典雅、設備舒適，當然價位也相對較高。例如：創立於 1905 年的 Central Heritage（http://www.centralhotels.in/

1 推開窗戶便能飽覽群山。
2 Andy's Guest house
3 Rewang House。

central-heritage），鄰近熱鬧的喬拉斯塔廣場，交通位置相當便利；或是同樣擁有超過百年歷史的 Elgin Hotel（http://www.elginhotels.com），曾是王公貴族的夏季行宮，後來改建為這座雅致的飯店。

除了如同英式貴族的住宿享受，這裡同樣也有平價的選擇，而且每每會讓人感到物超所值！大吉嶺有許多面山而建的旅館，視野相當棒，從房間的窗口便能飽覽群山環繞。但需要有心理準備，因為山區的熱水供應多半差強人意，即便有電熱水器，出水量通常也相當微弱，可以另外付費請旅館人員另燒壺熱水備 用。Hotel Tranquility （http://darjeelinghoteltranquility.com/）和 Andy's Guest house（Tel：0354-2253125）都是背包客相當熱門的住宿選擇。

Rewang House 是一家相當低調的家庭式民宿，就在大名鼎鼎的 Andy's Guest house 斜對面 10 公尺左右，僅懸掛了小小的招牌，若沒有注意看，很容易以為這只是一般民宅。一樓及地下室有數間簡單而乾淨的房間，以及布置得很溫馨的客廳，二樓則是主人自己的家。

民宿主人旺堆（Wangdi）是大吉嶺兒童信託（Darjeeling Children's Trust）的受託人之一，因此客廳牆上也貼滿了資助孩童的照片及各類活動的資訊。這裡主要是提供來自世界各地的義工的住宿，因此住在這裡，讓人感覺除了舒適之外也格外安心。如果有興趣在旅遊途中加入義工活動，也能與旺堆連繫。

1/2 1 Glenary's。
2 Sunset Lounge 的茶飲。

特色飲食｜

來到紅茶的故鄉，當然一定要在茶坊細細品嚐一杯當地的特產紅茶！這裡推薦兩家當地的知名茶館：

★ Glenary's

這棟兩層樓高、滿是花草盆栽的可愛建築物是當地有名的餐廳。二樓提供印度及各類綜合料裡，一樓則是麵包店，有各式的麵包、糕餅、甜點等等，可以外帶或點一壺熱茶內用。座位區有整面的落地窗，可以眺望山景，是享用下午茶的最佳地點之一！

https://www.facebook.com/glenarys

★ **Sunset Lounge**

由大吉嶺知名茶廠 Nuthmulls 所經營的茶館，位於喬拉斯塔廣場旁，店內空間雖不是非常大，但是空間明亮寬敞，午後的陽光從落地窗灑落進來，給人溫暖而舒適的感覺。菜單上羅列著各種等級和價位的茶飲，當然也都是來自自家的品牌 Nuthmulls。除了現場享用之外，店內也有販售，有許多熱心的銷售人員負責介紹和解說。

http://www.nathmulltea.com/

特別提醒：

大吉嶺地勢高，日夜溫差大，要特別注意禦寒，清晨出門時別忘了穿上保暖衣物；晚上睡覺時最好能有睡袋，以免著涼。許多小型的家庭式民宿，也許沒有附熱水器，或者即便有熱水器，水溫可能也不夠熱，最好請旅館另外燒熱水備用（一桶約會酌收 Rs. 20）。

高處俯瞰甘托克依傍著山景的整齊房舍建築。

「錫金存在於一種氛圍之中——自然之美投影在天真的錫金女孩身上的氛圍；世界第三高峰康城章嘉峰將其崇高和自信潛移默化勇敢錫金男兒的氛圍；以及錫金寺院和隱蔽洞穴在神聖而令人懾服的氛圍中迴繞的神祕與寧靜。」

～米夏（印度詩人作家）

G.
群山環抱的
國中之國／錫金邦甘托克（Gantok, Sikkim）

錫金邦甘托克
Gantok, Sikkim

位於喜馬拉雅山東段南麓，與尼泊爾、不丹、西藏等相鄰，在 1975 年被納入印度之前，這裡一直都是主權獨立的「錫金王國」，至今錫金王國的王儲仍流亡美國，在錫金偶然也能看見某些地方依舊懸掛著錫金王國的國旗。如果了解這樣的一段歷史背景，自然也不意外錫金呈現了一種與印度大多數地區截然不同的環境氛圍。這裡的民族構成主要是尼泊爾人，亦有錫金族、藏族和不丹人等等，在文化上受尼泊爾與西藏的影響很深，傳統上信仰藏傳佛教，有多處知名的佛寺和僧院。因為印度政府為了安撫最晚納入的錫金邦，在公共建設方面提供了優厚的經費補助，所以這裡的地方建設相較於印度其他地方更為完善，人民安居樂業。

甘托克為錫金首府，是建設完善、市容整齊的城市，這座山城本身位於海拔 1,700 公尺的坡地，被喜馬拉雅山的壯麗山景所環繞，近郊更有許多可以眺望群山景致的觀景台。在甘托克最能明顯立即感受到與其他印度城市的不同點是，即使是在這個錫金邦最繁榮的城鎮，也不會看見衣衫襤褸的乞丐前來行乞、或是蜷曲在街道巷弄邊，而最熱鬧的商店步行街甘地路（M.G. Marg），處處豎立著維持環境整潔的告示，民眾也確實能身體力行保持公共場所的清潔，這在印度確實是相當罕見的呢！甘托克的治安良好，街頭巷尾沒有小販或來路不明的掮客死纏爛打地推銷，沒有那種印度式的無形壓迫感，即使是單身的遊客初訪此地，也能自在而放心地在這個城市悠閒漫步。

錫金是印度很特別的一個觀光地點，不論文化或氛圍都有別於刻板印象中的典型印度。而在實際方面來說，要準備前往錫金旅行，也是有特殊的申請程序喔！由於錫金邦特殊的政治軍事地位，觀光客要進入錫金，除了必備的印度簽證之外，同時必須申請「錫金通行證」，申辦程序如下：於國內呈交印度簽證申請單時，同時向櫃檯承辦人員表明要前往錫金，便會拿到另外一個單張的申請表格，需要註明預計停留在錫金的時間，並以十五天為限。無須額外費用，領回簽證時同時可以取回核准的申請

1|2

1 群山環抱的城市。2 乾淨的市容。

單，即為進出錫金的通行證。另外附註說明，據規定錫金檢查哨也能當場辦理通行證，但這裡並不建議這麼做的原因在於，台灣護照上的China字眼常讓人與中

錫金通行證

華人民共和國混淆，而錫金目前並不開放中國旅客進入，由於不能確保當場檢查哨的承辦人員是否能明確分辨台灣與中國的不同，為了避免糾紛，還是在台灣就先把證件辦好吧。同時提醒大家，如果要申請錫金通行證，一定要至印度台北協會辦理一般的觀光簽證，於網上申請的電子簽證並不能申請錫金通行證。

旅遊亮點｜

◆ 纜車（Gangtok Ropeway）

2003年開始營運的甘托克纜車，路線總長1公里，共設有三站，單趟需時約10分鐘，是飽覽甘托克市區景色的最佳選擇。每台纜車可載客二十四人，沒有設座位。建議可以從最低處、近迪拉利市集（Deorali Market）的纜車站購票搭乘，由低處至高處俯瞰整個甘托克，依傍著山勢櫛次鱗比、整齊排列的房舍，三百六十度環繞的山景綠意，天氣晴朗的時候，更可以看到錫金人奉為「神山」的印度最高峰——康城章嘉峰（Kanchenjunga），海拔8,586公尺，也是世界第三高峰，終年皆有皚皚白雪覆頂。

纜車的四面皆可觀景，票價已包含去回程，抵達最高處的扎西林站（Tashinling）時會折返，建議來回搭乘，由不同角度欣賞美麗的甘托克景色。

纜車

門票：**Rs. 60（來回）**

開放時間：**8：00am ～ 4：30pm**

纜車低點起站的周圍有西藏研究中心（Namgyal Institute of Tibetology）和杜魯卓登佛塔（Do-Drul Chorten），前者成立於 1958 年，宗旨為推廣研究西藏的文化、宗教、語言，一樓為博物館，展

1/2 1 甘托克纜車。2 纜車內部往外眺望的景致。

示了許多與藏傳佛教和西藏文化相關的經典、文物、佛像、宗教儀式用品等等；後者則是錫金最重要的佛塔之一，佛塔外有一百零八個轉經筒和酥油燈房，周圍則是僧侶的住所。

西藏研究中心

門票：Rs. 10

開放時間：10：00am ～ 4：00pm（週一至週六；每月的第二個週六及國定假日不開放）

◆ 甘地路（M.G. Marg）

甘地路是甘托克最繁華的市中心區，是當地引以為傲的示範道路，也是錫金現代化的象徵。整條路都劃為車輛禁入的行

1 杜魯卓登佛塔。2 杜魯卓登佛塔外的酥油燈房。3 西藏研究中心附近是僧侶的住宿，沿路常可見到許多小僧侶的蹤影。

人徒步區，從早晨就開始聚集人潮，相當熱鬧。道路中央有美麗的植栽和噴水池造景，並設有供民眾休憩的座椅，兩旁有各式的餐館、商店和旅行社，政府觀光局的詢問處也設於此地。這裡鋪設的是在印度少見的石板地面，維護得非常整潔乾淨，街道入口的兩端設立標示寫著「禁丟垃圾或隨地吐痰」，而當地人顯然也有很高的自覺意識。甘托克宣導綠化政策成效斐然，甚至連建築也多漆以綠色，整個街區一眼望去，相當賞心悅目。到了晚間，店家亮起五顏六色的燈光，街道中央的休憩區也裝飾著節慶小燈飾，又是不同的熱鬧風貌。在這裡，恍若有種置身於歐風小鎮的錯覺，也無怪錫金有著印度小瑞士的稱號！

1|2

1 甘地路中央的甘地雕像。2「禁丟垃圾或隨地吐痰」的標示。

◆ 隆德寺（Rumtek Monastery）

位於甘托克市區 24 公里處的隆德寺（或譯為龍塔寺）是錫金最知名、最壯麗的藏傳佛教寺廟，是十六世大寶法王噶瑪巴在 1960 年代所建立的。1959 年，由於中國政府的施壓，導致大批藏人流亡海外，十六世大寶法王前往不丹，後受當時錫金國王的邀請轉赴錫金，得到錫金王室和印度政府的支持，在此建立了隆德寺，作為大寶法王在錫金的佛教事業中心，亦是噶舉派在西藏以外最重要的寺廟。

隆德寺完全依照西藏傳統風格所建立，壯麗堂皇，位於高山環抱的僻靜之地，山下的出入口甚至有印度政府派員駐守，須提供身分證明方能進入，參訪隆德寺請務必攜帶護照。

1/2 1 進入隆德寺的駐守崗哨。2 隆德寺。

◆ 喜馬拉雅動物園（Sikkim Himalayan Zoological Park）

甘托克的喜馬拉雅動物園（Himalayan Zoological Park in Gangtok）隸屬於錫金邦政府，是保育目的遠大於觀賞目的的護育研究園區。這裡和我們印象中的動物園不太一樣，一般所見的動物園會展示各種氣候帶、地形的動物，有如參閱一本實體的動物圖鑑，應有盡有。然而，這裡230公頃的遼闊占地，主要卻只有約十種原生於喜馬拉雅山區的特有動物，如石虎、雲豹、紅熊貓、喜馬拉雅黑熊等。園區是半開放的設計，旨在盡可能讓被護育的動物們保有原來自然的生存空間，但同時也能從旁提供其中某些瀕臨絕跡的動物適度的專業照顧。

護育中心中的石虎。

本身即座落於森林保育區內的園區，位於群山之間，園區內除了特有種的保育中心（breeding center）以外，其實看不到柵欄圍籬或是鐵絲網的圈禁區，行走其間，不覺得是在動物園裡，反倒像是在森林裡的健走踏青，呼吸自然的芬多精，享受山林裡的寧靜，好不自在快樂！

門票：Rs. 50

開放時間：9：00am ～ 4：00pm（週四公休）

◆ 觀景台

札西觀景台瞭望的景色。

甘托克近郊有三處觀景台：札西觀景台（Tashi Viewpoint）、象神觀景台（Ganesh Viewpoint）、猴神觀景台（Hanuman Viewpoint），可以讓遊客登高望遠，俯瞰城市街區、亦飽覽群山壯闊之景，每處觀景台都有遼闊的視野，各自從不同的角度欣賞這座城市，如果想要一一造訪這些觀景台，建議可以包車前往。

旅遊安排要領｜

錫金邦可以與大吉嶺或其他鄰近的喜馬拉雅山麓城鎮同遊，交通轉運站為西里古里（Siliguri）或新甲培古里（NJP），由此可搭乘共乘吉普車前往山區方向的各個城市，而山城之間也有車班來回連結。雖然皆為鄰近的山城，但不同的歷史統治背景，也帶來了不同的風土民情，值得花上幾天的時間，慢慢品味美麗的山城風光和各自獨特的韻味。

◆ 交通：

■ **搭乘飛機前來～**

錫金邦內並無機場，最近的機場位於巴格多格拉（Bag-dorgra），每日有往返於加爾各答和德里的航班。抵達後，須至西里古里或新甲培古里搭乘共乘吉普車至甘托克。

■ **山區交通方式：共乘吉普車**

搭乘共乘吉普車可前往其他喜馬拉雅的山區城鎮，如大吉嶺、卡林蓬（Kalimpong）、培林（Pelling）等地。

■ **市內交通方式：共乘小巴**

甘托克市區內有共乘制的小巴或廂型車，以固定路線往返行駛於市區熱鬧區域。

1/2 1 共乘吉普車是喜馬拉雅山區城市間往來的交通利具。2 往返甘托克的沿途景色。

◆ 住宿：

市中心的甘地路及鄰近一帶有許多中型旅館和民宿，這裡交通便利、生活機能高，是旅遊住宿最佳選擇。如果怕位於商店街旁的旅館太過於嘈雜，也可以再往裡面走一些，小坡上也有一些旅館、民宿的選擇，雖然需要爬一下樓梯，但是地勢高，從窗外看出去的景色就相當遼闊喔！

1 天氣晴朗時，可遠眺印度最高峰——康城章嘉峰。
2 甘地路的行人徒步區。

1|2　1 甘托克知名的西藏餐廳 Taste of Tibet，就位於甘地路廣場旁。2 美味的西藏湯麵，上面還撒了特有的犛牛起司。

特色飲食｜

由於錫金當地濃濃的西藏風情，在吃食上也少不了西藏傳統的飲食，如餃子（momo）及西藏麵食（Thukpa）、麵疙瘩（Thentuk）等等。西藏料理的用料和調味跟中華料理相當接近，如果在印度旅行時吃膩了印度咖哩，不妨在這裡的藏菜餐廳大快朵頤一下吧！

【延伸旅程：常霧湖（Tsomgo Lake，或譯為樟谷湖）】

位於錫金邦與中國西藏交界處的高山湖泊常霧湖，距離甘托克市區約 3 個小時的車程，海拔約 3,780 公尺，群山環抱間的一湖清澈，令人悠然神往，更是藏人心中的聖湖。

然而，由於位於國界處的地理位置較為敏感，如想要到此觀光，必須向當地單位申請通行證。可透過當地旅行社辦理較為方便，外國籍旅客必須要有兩人以上成團才可申請，如成功申請到通行證的話，即可包車前往。

處處可見懸掛的西藏五色旗。

喀拉拉邦以迴水景觀聞名。

尋夢？

撐一支長篙，向青草更青處慢溯。

～徐志摩（中國詩人）

H.
椰影搖曳的
熱帶水鄉／喀拉拉邦（Kerala）

喀拉拉邦
Kerala

位於南印，西濱阿拉伯海，擁有連綿的海岸線，狹長的沿岸沙洲地形平坦、河道密布，錯落散佈的湖泊與串聯其中的運河及其支流，構成了當地獨特的迴水（backwater）景觀。而其中艾勒皮（Allerppey）正居於迴水系統的中央門戶位置，滿布這座城市縱橫交錯的運河渠道，讓此地有了東方威尼斯的美名，不同的是，沿岸的場景置換成洋溢著熱帶風情的棕櫚椰影、綠油油的稻田、以及迴水流經的村莊人家。

若想要一睹喀拉拉邦熱帶水鄉澤國的宜人景致，便是乘著木造小船，隨著當地船夫一邊划槳一邊吟唱的歌聲，在搖曳的樹影之下，悠悠晃晃地在蜿蜒有如水上迷宮的複雜水道緩緩行進，划經沿岸人家的傳統農家聚落、欣賞迴水所孕育的水中生態，每一條水路都有著獨一無二的景致，等待遊人悉心探索。

而私人包租的船屋（Houseboat）則是迴水之旅更奢華尊榮的升級享受。在傳統樸素的木造船屋之中，有著現代化的內部裝潢，起居間、臥房華麗而舒適，空調衛浴一應俱全，兩天一夜的船程，有舵手及廚師隨行服務，特別適合想要享受自由空間的遊客。

迴水不僅是喀拉拉邦最重要的觀光資源，自古以來更是交通聯絡要道。除了迴水人家在日常生活中以小船代步之外，事實上，喀拉拉邦內的迴水城市間的往來，也可以以船隻聯繫。例如大型遊船可從艾勒皮往南至科蘭（Kollam），是除了火車或巴士之外的另一個交通選項。歷時 8 個小時的船程雖然較陸路交通更為耗時，卻可以在遊船上悠閒地欣賞沿途的水上風光，是慢遊的體驗。也有公營渡船到達科塔安（Kottayam），位於山區與海岸的中介點，連結了群山與迴水的風光，又別有一番風味。

喀拉拉邦擁有興盛蓬勃的文化，不僅是全印度識字率最高的省分，也保存了印度阿育吠陀經典的古老智慧，和傳統武術、音樂、舞蹈等藝術人文的珍貴寶藏。喀拉拉邦尤以正統的阿育

迴水遊船的優閒午後。

吠陀療法聞名，但一套完整的療程需要花上兩週左右的時間，含問診、到治療處方等等，如果只能短暫停留，不妨體驗一下阿育吠陀式的油壓按摩。

撐篙的船夫。

旅遊亮點｜

◆ 迴水遊船（Backwater Tour）

所有旅人來到此地最重要的行程便是迴水之旅，在艾勒皮有許許多多規模不等的旅行社皆可以協助安排，各大飯店、旅館、民宿也多有提供此服務，只要向櫃檯人員詢問即可，除非是選擇包船，否則是以人頭計價。

一般常見的為獨木舟（Canoe），通常人數為 2 ～ 5 人，但也有較大的船型可容納更多人。通常會有一名船夫隨行划槳，並沿途進行風景的介紹導覽，價位隨著行程選擇的水路、時間的長短、是否包含用餐等等，各家有所不同，一般來說，半天不包餐約在 Rs. 400 左右，全天包午餐約在 Rs. 500 ～ 800 間。

船屋的包船行程也依船屋的豪華程度，在價位上有相當大的差距，兩人兩天一夜的行程為 Rs. 4,000 起跳，更有甚者，頂

1/2 1 迴水河道是當地人家的交通往來方式，小型商船沿著水道旁的村莊人家販售當日新鮮魚貨或生活用品。2 迴水行程包含了到當地人家享用地方特色的塔利，是用葉片呈裝的南印風格。

級的豪華船屋也可能要價上萬元！通常船屋於過夜時是不行進的，會靜止停靠於水面上。

迴水之旅是放鬆心情、享受悠閒的行程，隨著木船悠悠行進的速度，彷彿世界的運轉隨之緩了下來。置身於南國的熱帶水鄉，欣賞迴水的生態環境、沿岸的農作植物景觀，滿是欣欣向榮的綠意圍繞；兩旁村莊人家的婦女在岸邊敲打洗衣、孩子們躍入水中游泳嬉戲；行經河道間的還有販售雜貨或是新鮮魚貨的水上雜貨店，挨家挨戶地叫賣著船上的商品……。市區車水馬龍的喧鬧彷彿已是另外一個世界的事，漂流於迴水的小船上，只有著閒逸慵懶的熱帶水鄉夢境。

◆ 海灘風情

除了讓遊人慕名而來的迴水風光之外，濱海的喀拉拉邦也有不少已開發的觀光海灘，讓人轉換視野，徜徉在一望無際的海天一色中，盡情享受南印的熱情沙灘！

科瓦蘭（Kovalam）號稱擁有南印最美麗的海灘，位於喀拉拉邦首府特里凡得琅（Trivandrm）市區南方 16 公里處，如果搭車或飛機到特里凡得琅的話，只要轉乘嘟嘟車即可抵達海灘。科瓦蘭原是純樸

科瓦蘭的度假天堂。

的小漁村，現已開發成知名的觀光海灘，每年吸引大批來自世界各地的遊客到這裡度假，沿著海岸線林立著各式餐廳、旅館、觀光藝品店，相當熱鬧！而就在走出海灘區域的不遠處，仍可看見當地的居民以最傳統的方式織網捕魚的漁村生活，對照另一頭沙灘上的度假天堂，猶如兩個平行世界的不同風光！

科瓦蘭沿海岸線往北 70 公里處的瓦爾卡拉（Varkala）也同為喀拉拉邦知名的海灘度假天堂，這裡有南印少見的海岸峭壁地形。相較於科瓦蘭滿是

1/2 1.2 科瓦蘭海灘之外的另一個世界是傳統的漁村，仍是織漁網捕魚維生。

科瓦蘭海灘的日落。

來自各國的遊客，這裡更多的是印度本地的遊人。

開發過後的觀光海灘，雖然因此失了幾分海天自然原有的寧靜氛圍，但也多了便利性。即使歡鬧嬉笑的聲音終日不絕於耳，但每到太陽西下的時分，眾人屏息等待夕陽沒入海平面的那一瞬間，暈染滿天的晚霞雲彩和那奇異的金色夢境，仍是遊人心中最美的印記！

◆ 卡塔卡利舞（Kathakali）

卡塔卡利舞是印度的古典舞派，發展於 17 世紀的南印度農村，是喀拉拉邦最重要的文化代表之一，在喀拉拉邦各個景點城市，都可以看到以卡塔卡利舞者臉譜為主題的飾品或畫作。

卡塔卡利舞在表演內容上沿襲了古典梵劇的傳統風格，並以戲劇化的演技、豐富精湛的表情、誇張激烈的肢體動作為表演特色，而角色鮮明的臉譜妝樣以及華麗炫目的表演服飾，更是吸睛的焦點。卡塔卡利舞相當強調臉部表情、舉手投足的象徵意涵，甚至眼球的細微轉動都代表了不同的意義。舞者臉譜的顏色選擇更有其含義，如綠色的臉譜即是英雄人物。

在喀拉拉邦許多觀光城市皆可以觀賞到傳統的卡塔卡利舞，除了公、私營的專業表演場地，甚至於某些飯店都有這樣的表演。而在正式舞台表演開始之前，也開放購票觀眾入場參

1|2 1 表演前可欣賞舞者在後台上妝的過程。2 舞者完妝的模型。

觀舞者上妝的完整過程，只見舞者嫻熟仔細地為自己層層疊疊塗上鮮麗的妝容，由此可知化妝的本身也是卡塔卡利舞藝術的精髓與靈魂。

◆ 中國漁網

位於喀拉拉邦海岸線接近中央位置的柯欽（Kochi）自中世紀以來便是知名的海外貿易中心，天然良港的地理優勢，使柯欽成為東西商業文化交會點。柯欽古城區至今仍保留歐洲各個殖民國所留下的文化建築遺跡，而港口岸邊最引人注目的特色則是沿岸一字排開的「中國漁網」。

柯欽堡的中國漁網。

中國漁網的捕魚方式傳說是從中國引進的，以中國為名，卻成了柯欽獨特的海港風光和象徵性的地標。這種利用槓桿原理設計、平衡固定於陸地岸邊的巨型木造捕魚裝置，已有五百多年的歷史，到現在仍是當地漁民重要的謀生器具，而捕獲起的海鮮，馬上會送至隔壁街的海鮮餐廳烹調成新鮮的餐點。中國漁網精巧而特殊的設計和運作方式，加以海天一色的背景，更成了旅客駐足欣賞的美景。

旅遊安排要領｜

◆ 交通：

■ **搭乘飛機前來～**

如想要以飛機直接抵達喀拉拉邦，可以選擇飛往首府特里凡得琅或是柯欽，兩者皆為國際機場，提供連結其他國家以及印度國內的各線航班。如搭機抵達的是特里凡得琅，可以一路沿海岸線北上遊歷整個喀拉拉邦，知名的美麗海灘科瓦蘭亦在其南方 16 公里處。如搭機抵達柯欽，則可以選擇一路往南遊歷喀拉拉邦各個城市。

■ **邦內交通方式：火車**

喀拉拉邦沿海各觀光城市，相隔距離都不會太遙遠，陸路交通搭乘火車或巴士，都能在數小時內抵達，也有相當多的班次可以供選擇，現場購票即可。或是體驗搭乘公營或私人承包的遊船，在悠閒的迴水之旅中抵達下一個目的地城市。

■ **邦內交通方式：迴水遊船**

喀拉拉邦的迴水遊船不僅提供同搭乘點往返的純觀光遊船行程，也提供 A 點至 B 點的單程交通客船，例如公營的大型遊船可從艾勒皮往南至科蘭，或是其他民營的包船路線。雖然搭船的交通時間較長，但在悠閒的迴水之旅中抵達下一個目的地城市，也是充滿喀拉拉邦特色的交通方式。

◆ **住宿：**

- 艾勒皮：若是有足夠的預算，在艾勒皮有許多豪華船屋住宿的選擇，套裝的行程包含迴水之旅、三餐及住宿，在外型古典、內裝現代的舒適船屋住上一晚，會是不錯的選擇！除此之外，也有不少中型旅館或民宿。以阿育吠陀療法知名的喀拉拉邦，亦有許多以此為特色的主題度假村，但通常位於較偏遠僻靜的地區，距離其他的觀光景點會有一段路程，若想體驗住宿阿育吠陀度假村，建議規劃多天的行程待在同一度假村，除了免去來回移動的奔波，也可以在寧靜的度假村中享受完整的阿育吠陀療程。

- 科瓦蘭：已發展成觀光勝地的科瓦蘭，住宿的選擇從大型的海灘度假村到濱海的小民宿應有盡有，面海的房間最為熱門、費用也較高，若往巷弄裡尋找，常會有物美價廉的驚喜。
- 科蘭：這座小城市曾是阿拉伯海濱最古老的貿易港口之一，沒有太多的外來觀光客，住宿的選擇相對不多，但在巴士站附近仍有一些旅館聚集可供選擇。
- 柯欽：城市分為四個區域，主要景點都集中在柯欽堡（Fort Cochin），觀光客的住宿也以此地為首選。除了中型旅館之外，也有一些迷你精緻、充滿藝術風格的小民宿。

私心推薦｜

★ 邁拉里海灘（Marari Beach）

邁拉里海灘位於距離艾勒皮約 11 公里的一個小村莊，來訪艾勒皮的人多為迴水之旅而來，這個鮮為人知的美麗海灘則是一個僻靜的祕密基地。由於尚未過度開發成觀光據點，岸邊除了成排的搖曳椰影之外，只有稀落的幾戶傳統民宅，與觀光海灘旁林立招牌店面的繁榮商業區，呈現截然不同的風光。來此的遊人不多，除了一、兩家隱密的度假村之外，並沒有其他入

邁拉里海灘的寧靜沙灘海景。

駐海灘的餐廳或店家、或推銷生意的小販，偌大的海灘只聽得見浪潮來回拍擊沙岸的聲響，只看得見碧海藍天的景色，舒適而寧靜。來到這裡，讓人完全遺忘了數公里外充滿了豔麗色彩與嘈雜聲響的印度大千世界，是一個可以暫時沉澱心靈、與自己獨處的安靜空間。

邁拉里海灘雖然較少出現在各類旅遊書籍上，不過卻是當地人都知道的海灘勝地，可以至艾勒皮的車站搭乘當地公車、或是搭乘三輪車前往。因為當地並沒有什麼餐廳店家，記得先行準備飲水及食物，或帶本小說去那裡悠閒地待上一天，也是個不錯的選擇。

迴水遊船的小憩。

富麗堂皇的邁索爾皇宮。

這座迷人的城市成為烏岱亞王朝的首都，
至今仍留存著那個舊世界的風采，
令人心醉神迷。

～席拉斯（印度旅遊作家）

I.
富麗堂皇的
王城古都／邁索爾（Mysuru）

邁索爾
Mysuru

（原名 Mysore，於 2014.11.1 正式更名為 Mysuru，更貼近當地語言的發音。）從 15 世紀到 20 世紀中葉印度獨立前，一直是邁索爾王國（Kingdom of Mysore）的國都，經歷了烏岱亞王朝和回教勢力的統治。這個富裕邦國的歷代統治者，除了大興土木、在王國各地建造宮殿及寺院、讓邁索爾有了宮殿城市的美譽之外，還設立邁索爾大學，對於教育文化的發展也投注了頗大的心力。這些基礎造就了今日的邁索爾，成為全印度相對生活水平較高的城市，至今也仍是南印度卡納塔克邦的文化中心及地方政經重鎮。

印度在 1947 年獨立之後，邁索爾王國的統治者已失去實際統治權，但政府仍容許他們保留原有居所及部分特權。而上一任國王於 2013 年辭世時，廣大民眾仍有許多追思悼念的活動，大街小巷皆是向國王致意的照片與花環。

邁索爾位於德干高原的南端，擁有得天獨厚的氣候環境，是南印少數終年氣候皆舒適宜人的避暑勝地，加以印度輝煌年代的文化遺跡，使得邁索爾成為知

1|2　1 裝飾華麗的大象是遊行隊伍的亮點。2 遊行隊伍所經之處滿是等待的人潮。

名的觀光旅遊城市。邁索爾還是全印度最乾淨的城市之一，對於市容維護與綠化成效頗彰，無論硬體或軟體層面，邁索爾皆是讓人覺得相當舒服的地方，無怪邁索爾居民總是相當以自己的故鄉而自豪！

每年十月初，在雨季結束前後的屠妖節（Dussehra），邁索爾會進行連續十天的慶祝及表演活動，整座城市為了這個慶典張燈結綵，洋溢著繽紛歡樂的節慶氣氛。而活動的高潮——從邁索爾皇宮出發、號稱是全印度最盛大隆重的遊行隊伍，吸引了全國各城鎮的遊客前來此地同歡。華麗熱鬧的遊行隊伍繞經之處，萬人空巷，若要搶得最佳的觀賞位置，得於當天早上及早來排隊卡位，或是預先購票貴賓保留席，但這可是所費不貲喔！每年的活動時間略有出入，詳情參考政府的官方網站每年更新的資訊：http://mysoredasara.gov.in/。

旅遊亮點｜

◆ 邁索爾皇宮（The Palace of Mysore 或 Amba Vila Palace）

座落於城市市中心的邁索爾皇宮，是舊時代王朝遺風的經典代表建築。這座富麗堂皇的宮殿融合了印度教、伊斯蘭教、拉傑普特（拉傑普特是西元 17 ～ 19 世紀在北印度拉賈斯坦邦發展的藝術風格，在回教統治的影響下仍保有古老印度的傳統）、甚至於哥德式的建築風格，極盡奢華之能事，讓在數百年後的今天，人們仍可以由此一窺過去這個南印邦國不可一世的霸氣！

邁索爾皇宮曾是統治此地的烏岱亞王朝皇室的居所，雖然現在該建物的所有權仍屬於王室的後代，但由邦政府授權觀光局管理，開放為博物館讓來自各地的民眾參觀。邁索爾皇宮是全印度僅次於泰姬瑪哈陵的最熱門觀光景點，每年都吸引了超過三百萬人次來訪。

邁索爾皇宮雖有超過五百年的歷史，但其實已經過了三到四次重要的整建過程，現今我們所見的宮殿建築，主要是建於 1897 年到 1912 年間。皇宮由城牆圍起，東面、南面及北面的拱門是三個主要的出入口，一般民眾由南面的出入口通行，並設有售票處和相機寄物處。由美麗花園環繞的宮殿主體是一座三層建築，粉紅色大理石的圓形塔頂，構成皇宮外觀完美的對稱。但宮殿之美，不僅止於這童話故事般的夢幻城堡，其內部美侖

1/2 1.2每晚7點時許的皇宮點燈，呈現了與白天不同的另一種華麗氛圍。

美奐的藝術設計與王室珍藏的珍貴藝術品，更是令人讚嘆不已！雕刻精緻、內嵌象牙的木雕門廊，加上繪製著慶典盛況的油畫畫作、馬賽克瓷磚地板，以及謁見大廳由萬花筒般五顏六色鏡面玻璃鑲嵌組成的圓頂，都讓人驚豔於當時王侯富可敵國的奢華宮廷生活！宮殿內部的範圍屬於邦政府的皇宮博物館（Palace Musuem），需要另外購票進入參觀。

每週日和特殊節日的晚間 7 點，皇宮及四周的城牆將會有一百萬顆以上的燈火同時亮起。黑暗中，燈火描繪出皇宮建築的輪廓線，呈現了與白天別有不同的風味！若只是要欣賞晚間的皇宮點燈，是完全免費的，建議提早在傍晚時間抵達，欣賞皇宮從黃昏到夜晚隨著光影的景色變化。尤其最後，從暗夜中點亮燈火的剎那，眾人發出一聲讚嘆的驚呼，夜晚的皇宮燈火，美得令人屏息！

邁索爾皇宮（城牆內、宮殿建築內部以外的區域）

開放時間：**10：00am ～ 8：00pm**

點燈時間：**每週日、國定假日及特殊節慶：7：00pm ～ 7：45pm**

皇宮博物館（Palace Museum）**＊即宮殿建築內部**

開放時間：**10：00am ～ 5：30pm**

票價：**Rs. 200**

＊宮殿建築內部禁止照相，相機可存放於南門入口處右側的寄物處，每件收費 Rs. 5。

＊入內參觀須經過安檢，並將鞋子存放在入口處。

◆ 迪瓦拉傑市場（Devaraja Market）

傳統市集也是來訪印度的遊人不可錯過的地方之一！同樣位於市中心的迪瓦拉傑市場，是印度傳統的果菜市場，其周邊區域也自然聚集了各式的店家，從早到晚車水馬龍、人聲鼎沸。市場有許多個出入口，裡面以販賣時令生鮮蔬果、鮮花編織的花圈、祭祀貢品、各式香料、用來塗抹裝飾的色粉、薰香精油和手工線香為主，外圍則有咖啡、茶葉、乾貨、家用雜貨的店家，

1|2
3　1.2.3 迪瓦拉傑市場內應有盡有，從早到晚都很熱鬧。

1|2
1 查姆迪山丘上的查姆達女神廟。
2 黑牛難迪神像。

以及紗麗、鐘錶或飾品店等等。在川流不息的顧客群和攤販的叫賣聲中，可以感受到屬於這個城市的生命力，傳統與現代，兩個極端巧妙地融合並存。

◆ 查姆迪山丘（Chamudi Hill）

查姆迪山丘位於市區南方近郊，只要撥個半天的時間，便能輕鬆來回，登上這座小丘遠眺山腳下的城區，讓自己遠離喧囂、轉換視野與心情。

查姆迪山丘平均高度約 1,000 公尺左右，山頂的印度教寺廟查姆達女神廟（Chamudeshwari Temple）節慶時，總是吸引大群參拜的人潮。半山腰有一座由大塊黑色花崗岩雕刻的黑牛神像，這是傳說中濕婆神的坐騎難迪（Nandi）。

1/2 1.2 布林達凡花園。

從市中心的巴士站可以搭乘 201 號公車直達山頂，或者以嘟嘟車包車方式前往，並請司機等候回程，議價後的價格約在 Rs. 400。

◆ 布林達凡花園（Brindavan Garden）

布林達凡花園距離邁索爾十多公里，緊鄰 KRS 水壩旁，幾何對稱的庭園與噴水池水道設計，是來自蒙兀兒式的建築風格。每天晚間，庭園的水池會有華麗的音樂燈光水舞秀，吸引了許多遊客前來造訪觀賞，越近傍晚時分，人潮越多，這裡也是許多寶萊塢電影中的拍攝場景！

從邁索爾市中心的市區巴士站（City Bus Stand）可搭乘 303 公車到達花園下方的停車場，車程約 40 分鐘；亦可以包嘟嘟車前往，並請司機等候，約 Rs. 500。

開放時間：**6：30am ～ 9：00pm**

票價：**Rs. 15（使用相機須另外收取 Rs. 50）**

音樂燈光水舞秀時間：**6：30pm ～ 7：30pm 左右**，**週末則會延長**

◆ 松那普（Somnathpur）神廟

松那普是距離邁索爾 35 公里遠的城鎮，這裡保存了知名的印度教克夏瓦神廟（Keshava Temple）。神廟建於 13 世紀，是曷薩拉王朝神廟建築藝術的代表作品之一。石造的寺院本體俯瞰呈多角形放射狀，外壁的石雕多取材自印度史詩《羅摩衍那》（Ramayana）及《摩訶婆羅多》（Mahabharata）的場景，或是

《愛經》（Kama Sutra）中的情慾寫真，精工雕琢、栩栩如生，至今仍保存良好，可看度相當高。

由邁索爾出發，車程約 2 小時，因為無法搭乘公車直達，需要中途轉車，較為麻煩，因此還是建議包車前往，來回含參觀的時間約為半天，價格在 Rs. 2,000 左右。

開放時間：9：00am ～ 17：30pm

票價：Rs. 100

旅遊安排要領｜

◆ 交通：

■ **搭乘飛機前來～**

雖然邁索爾市內也有自己的機場，卻僅有提供少數國內線航班到班加羅爾，再連結至其他國內外城市，在交通安排上較沒有彈性。因此，要到邁索爾旅遊，多會選擇先飛至班加羅爾機場（Kempegowda International Airport，BLR）後，再選擇以包車、搭乘公車或火車等方式至邁索爾，陸路車程約 3 到 4 小時。班加羅爾是南印度的交通樞紐大城市，提供相當多的火車、巴士班次，而直接從機場包車的費用約在 Rs. 3,000 左右。

松那普神廟是印度教神廟建築的代表作品。

■ **搭乘火車前來～**

邁索爾火車站有連結至班加羅爾、清奈，及南部主要城市的列車，車站距離市中心約 2 公里，車站外有很多等待的嘟嘟車，若要到市中心約是 Rs. 60 左右。

◆ 住宿：

邁索爾市中心附近有幾家高級的飯店，環境舒適、交通便利，如 Royal Orchid Metropole（http://www.royalorchidhotels.com/）及 Hotel Regalis（http://www.ushalexushotels.com/mysore/），每晚的房價約在 Rs. 4,000 上下。若不在此住宿，也可以選擇於用餐時間前往飯店餐廳，用實惠的價格，在飯店優雅的環境氛圍中享用一頓高級自助餐。

在 Royal Orchid Metropole 對面的 Hotel Mayura Haysala 是政府經營的旅館，雖稱不上高級，但是品質有一定的保障，是平價旅館中的好選擇。火車站及巴士站附近，亦有較便宜的住宿選擇，距離市中心和皇宮景點也不遠。

私心推薦｜

★ Hotel RRR

提供傳統印度式料理的熱門店家，在用餐時間客人可以說是絡繹不絕，常常需要在門口排隊候位。除了素食餐點之外，也有提供肉類料理，最有名的是盛裝於芭蕉葉上的塔利套餐，Rs. 90。此外，服務生會不時端著食物於餐桌間巡視、熱心地幫你加料，所有的醬料以及白飯、餅類等主食都可以隨時要求添加，讓你吃到飽！

Hotel RRR 的用餐人潮總是絡繹不絕。

1|2 1 Indra Cafe’s Paras 一樓的甜點櫃。
2 甜點櫃中擺著邁索爾特產甜點 Mysore Pak。

★ **Indra Cafe’s Paras**

提供南印度各類餅食、茶點及塔利套餐的素食餐廳，位於迪瓦拉傑市場小鐘樓廣場旁的 Sayyaji Rao Road 上。餐廳的一樓陳列著五花八門的印度甜點，種類繁多令人目不暇給。其中最有名的當然是以城市命名的當地特產 Mysore Pak，這是一種以印度奶油（Ghee）、豆粉、糖所製成的甜點，通常呈正方形塊狀，有著濃濃的奶香味，是來到邁索爾不可不試的名產！

餐廳的一、二樓皆有提供座位，除了購買甜點之外，也可以安坐下來享用一份印度煎餅夾馬鈴薯（Masala Dosa）和香濃印度奶茶！

加爾各答街景。

天空沒有翅膀的痕跡，
但我已飛過。
～**泰戈爾（印度桂冠詩人）**

J.
孕育深刻靈魂的 人文搖籃／加爾各答（Kolkata）

加爾各答 Kolkata 是印度東部第一大城及交通的最大門戶，在英國殖民時期，曾為英屬印度的首府，直至遷都到德里為止。這裡不僅為政治中心，更是文化學術發展的重鎮，英國的殖民歲月也在加爾各答的各個角落留下了許多維多利亞風格的美麗建築，見證著殖民的歷史。

英式風格樓房的斑駁牆面上滿是舊時光的印記，復古懷舊的路面電車，以及潔白優雅的維多利亞紀念堂，在在訴說著日不落國的輝煌歲月。然而，無可否認地，這座充滿歷史的老城，與印度其他大都市一樣，同樣面臨了各種城市發展的問題與弊病，同樣體現了印度城市中典型的混亂：壅塞的交通、漫天的塵霧、遍地的垃圾、嚴重的汙染、以及金字塔底端的貧窮。這裡人口稠密，亦是貧民窟最密集的地方之一，但印度總是這般泰然自若、毫無遮掩地展示她所有的面向，不論好的，或是不好的，極端與衝突，正是印度讓人驚嘆流連之處。

在這個城市毫不隱晦地將貧窮與殘破赤裸地呈現在你面前的同時，也是這樣的生命鎔爐裡才能淬鍊出最深刻的靈魂！加爾各答久為藝術思想和人文薈萃的所在，這座城市曾孕育了三位諾貝爾獎得主：文學獎泰戈爾、物理學獎拉曼、和平獎德蕾莎修女。他們的生命故事與這座城市密不可分，加爾各答給予他們心靈所需的養分，他們在此發光發熱，與城市的脈動相互激盪，交織成燦爛雋永的樂章！

加爾各答的城市之美，在於滄桑的歷史感，在於深刻的人文風景，更在於當你在此目睹著社會底層的貧窮時，同時也能欣賞到最極致的藝術饗宴，然後發現原來這兩種極端都是再真實不過的存在，讓這座城市如常運轉，充滿無限生命力。

1.2.3 加爾各答的街頭即景，繁忙而又充滿活力。

旅遊亮點｜

◆ 印度博物館（The Indian Musuem）

於 1814 年建館的印度博物館，至今已有超過兩百年的歷史，不僅是印度之最，同時也是全亞太區域最悠久、用途最廣泛的博物館。館內數以萬計的珍貴館藏品，囊括了各種領域，從考古文物、藝術品，乃至人類學、地球科學，甚至動物標本皆在展覽的範疇之中，豐富的收藏，值得花上一整天慢慢瀏覽欣賞。

印度博物館。

博物館的入口購票處位於熱鬧的大街上，距離背包客集中的薩德街（Sudder Street）和地鐵站「Park Street Metro」都只有幾步之遙，交通位置相當便利。一樓的主要展廳展出人文考古主題的館藏，包括了巨型的佛教出土遺跡、各種素材的雕塑藝術作品等等，人類千年的智慧成果集聚在一堂，供我們近距離地貼近這些美麗又充滿歷史的藝術品。

循著動線走上二樓，欣賞印度不同區域時期的繪畫、織品以及裝飾藝術。接下來的展廳風格驟轉，進入了自然科學的領

1.2.3 印度博物館內有豐富的館藏。

域：由大至小的各種鳥類、爬蟲類、哺乳類動物標本和骨骼，到天然岩礦、寶石、化石等等，內容十分豐富，埃及展覽專區還展出一具完整的木乃伊！

博物館本身亦是充滿殖民風格的白色美麗建築，中庭有大大的草皮，如果參觀累了的時候，還可以到中庭綠地上歇歇腳，轉換一下視野和心情。如果喜歡看文物展覽的朋友，在這裡可以待上一整天的時間！

門票：Rs. 150

開放時間：三月到十一月 10am ～ 5pm

十二月到二月 10am ～ 4：30pm （每週一及國定假日休館）

印度博物館本身的建築充滿了殖民風格。

◆ 維多利亞紀念堂（Victoria Memorial Hall）

美麗的維多利亞紀念堂可以說是英國殖民者在加爾各答留下最美的印記，象徵著那段日不落國的輝煌統治歲月。紀念堂興建於 20 世紀初，是用來紀念英國的維多利亞女王加冕成印度女皇。

這座由純白大理石打造的殿堂，富麗而優雅，在文藝復興的風格中，卻巧妙揉合了泰姬瑪哈陵的倩影，成為東西合璧的建築代表傑作。紀念堂的四周有翠綠的草坪和修整良好的花園環繞著，北側有人造湖景致，無論從哪個角度取景，都相當美

1/2 1美麗的維多利亞紀念堂。2貝拉天文館。

麗。紀念堂的內部也開放為博物館（VMH Gallery），讓我們能透過展覽的畫作進一步了解加爾各答發展的歷史，館內也有當年女王所使用的物品以及藝術方面的收藏。

聖保羅教堂。

維多利亞紀念堂的北側門之外就是占地廣大的梅登公園（The Maidan），從南到北約有3公里，遼闊的草坪與林蔭，成為加爾各答市民最喜愛的運動、散步和休憩場所。西側門之外，越過大馬路的對側，有聖保羅教堂（St. Paul's Cathedral）、美術學院（Academy of Fine Arts）和貝拉天文館（Birla Planetarium）。聖保羅教堂是哥德式建築的基督教教堂，有美麗彩色玻璃和馬賽克裝飾，虔誠的信徒在教堂內安靜禱告著，氣氛相當莊嚴寧靜；而貝拉天文館從1963年開始啟用，是全亞洲第一大的天文館。

維多利亞紀念堂（花園）

門票：Rs. 10

開放時間：5：30am ～ 7pm（週二至週日，例假日除外）

維多利亞紀念堂博物館

門票：**Rs. 200**

開放時間：**10am ～ 5pm（週二至週日，例假日除外）**

聖保羅教堂

門票：**免費**

開放時間：**9am ～ 12pm，3pm ～ 6pm**

貝拉天文館

門票：**Rs. 40**

開放時間：**12：30pm ～ 6：30pm（週日為 10：30am ～ 6：30pm）**

＊英語的導覽表演時間為 1：30pm 和 6：30pm。

◆ 泰戈爾故居（Rabindranath Tagore's House）

印度的桂冠詩人泰戈爾，也是亞洲第一位諾貝爾文學獎得主，他是詩人，亦是哲學家和教育家。他的思想本於古印度的泛神論，認為萬物皆神，無所不在，因而他的作品歌頌著自然，充滿了對生命和愛的禮讚。泰戈爾生於加爾各答，他生命中大部分的歲月皆在此度過，這裡孕育並見證了這位印度文學巨擘的一生。這座精緻優雅的建築由泰戈爾的祖父建於 18 世紀，原來即是泰戈爾家族的寓所，如今已改建為博物館，開放大眾參觀。建築內外都盡可能地維持有如詩人還在世時的擺設及樣貌，讓人一睹詩人故居，感受詩人的氣息。博物館內還展示了泰戈

泰戈爾故居。

爾生平的相關文物，如書信、手稿、畫作、照片等等，值得花上一些時間慢慢欣賞。

距離泰戈爾故居最近的地鐵站為「Girish Park」，步行約 10 分鐘左右的距離，隱蔽在平凡的巷弄之間，故居庭園內寧靜的氛圍，與外頭的車水馬龍、駢肩雜遝，形成了強烈的對比，猶如都會荒漠中的綠洲。

門票：Rs. 50

開放時間：10：30am ～ 4：30pm（週二至週日）

◆ 卡莉女神廟（Kalighat Kali Temple）

這座神聖又神祕的卡莉女神廟，供奉的是印度教神話中的毀滅女神，她有著殘暴嗜血的性格，總是以黑面、三顆紅色眼睛的形象出現。她雖然凶狠，卻也是最有威力、最靈驗的神祇，被視為加爾各答的守護神。每天來此膜拜奉獻的信徒絡繹不絕，因為人們相信她可以賜福給最虔誠祀奉她的人，替人們消災解厄。為了要討好卡莉女神，相傳在兩百多年前，信徒們甚至是以男童作為活祭品。而至今日，距離活人獻祭的年代已相當遙

1|2 1 白色圓頂的寺廟為卡莉女神廟的正殿。2 卡莉女神廟旁外的店家販賣各式各樣與卡莉女神相關的供品。

遠，取而代之的是宰殺山羊作為獻給卡莉女神的祭品，廟前小亭子裡木製的祭壇上，每天都舉行這樣的血祭。

印度教一貫有著溫和包容的傳統，並以不殺生及素食主義為基本原則，這樣血腥的獻祭方式可以說是特例。儘管這樣殘酷的宗教行為多所爭議，卻也不可否認這是一個當地文化的特色。除去活羊獻祭的儀式之外，在卡莉女神廟，從信徒們堅定的眼神、認真的膜拜姿態、以及口中喃喃的默禱聲，我們可以強烈地感受到印度教徒對於信仰的那股虔誠，宗教已是他們生命一個不可或缺的部分。

而寺廟周遭的攤販店家，販賣各式各樣與卡莉女神相關的祭祀用品，色彩鮮亮、琳瑯滿目，呈現著與寺廟內不同的氛圍，在這裡閒逛著也別有一番趣味。

門票：**免費**

開放時間：**5am ～ 10pm**

＊特別注意：卡莉女神廟的內部禁止拍照攝影！

旅遊安排要領｜

知名的廉價航空亞航（Air Asia）每天有從台北經吉隆坡飛往加爾各答的班次，快速而便捷，而加爾各答本身亦是印度重要的交通樞紐，不論是國內線班機或是火車、巴士等陸路交通，要前往印度其他知名景點，都相當方便。因此，若以加爾各答作為前進印度的第一站，會是個不錯的選擇。

◆ 交通：

■ 搭乘飛機前來～

加爾各答的國際機場（Netaji Subhash Chandra Bose International Airport，CCU）位於市區約 17 公里處，是印度東部最大的機場，也是通往全國各地及對外空路的重要門戶。

機場到市區的交通，可至入境大廳出口外的預付計程車櫃檯，24 小時營業，所以不用擔心抵達時間太晚而找不到車。服務人員會依目的地不同按公定價目表收取費用後再安排車輛，抵達時不需再付給司機任何費用。到市區車程約需 1 小時左右，價錢在 Rs. 400 左右。

機場巴士（Airport Bus）也是可以考慮的選擇，有別於一般市區公車，機場巴士的車型較新穎，也相當舒適乾淨，從機場可以搭乘前往背包客集中的薩德街或重要的地鐵站。

如果飛機抵達的時間在深夜，則建議事先預訂好旅館並請旅館安排接機服務。

霍拉火車站。

■ 搭乘火車前來～

加爾各答有兩個主要的火車站──霍拉車站（Howrah Railway Station）及席爾達車站（Sealdah Railway Stataion）。霍拉車站以霍拉大橋與加爾各答市區相連，是全印度最古老也是最繁忙的火車站之一，也是通往印度各大主要城市（如德里、孟買、清奈）鐵路線的起點站，共有二十一個月台，每天往來超過三百以上的車次。

在霍拉車站外也有預付計程車的櫃檯，從車站到薩德街一帶的價格是 Rs. 100，車程約 20 到 30 分鐘，但交通繁忙，經常會塞車。在預付計程車的櫃檯旁也有許多隨機拉客的司機，只要看到是觀光客，價格動輒是兩、三倍以上的報價，如果不清楚價位的話，建議還是找預付計程車，雖然需要排隊，但處理效率很高，一下子就拿到票可以上車了。

■ **市內交通方式：地鐵**

加爾各答地鐵目前僅有一線於1984年開始營運，是印度的第一條地鐵線，其餘仍有五條線在規劃及興建中。興建中的二號線橫貫東西，同時會連接加爾各答的霍拉車站及席爾達車站，未來整個交通網絡將會更健全便利。

加爾各答許多重要的景點皆在這條南北線的地鐵沿線，是觀光客相當便捷的交通選擇。

加爾各答地鐵。

加爾各答地鐵最新的資訊請參考網站：http://www.kmrc.in/。

◆ 住宿：

相對於在德里有背包客聚集的區域帕哈甘吉（Paharganj），加爾各答的背包客大街則是薩德街一帶。這裡廉價旅館和背包客宿舍林立，提供各種價位的住宿選擇。Hotel Galaxy是在旅客間評價相當不錯的廉價旅館，由錫克教的老闆經營，房間簡單而舒適乾淨，每晚的價格按照不同房型約在Rs. 500～700之間，經常客滿，要提前預訂。薩德街周遭的區域，有不少旅行社、雜貨店、超市、餐廳等等，生活機能良好，更有鄰近的地鐵站「Park Street Metro」及「Esplanade」，通往各個知名景點都相當方便。

1 薩德街。
2 在旅客間頗負盛名的 Hotel Galaxy。

私心推薦｜

★ 牛津書局（Oxford Bookstore）

雖然名為「牛津」，但這家書局可是與英國牛津大學出版社（Oxford University Press）一點關係也沒有，這是一間道道地地印度本土的連鎖書局，於 1920 年創立，迄今已有將近百年的歷史了！老牌的書店也跟上現代多元化經營的潮流，除了書籍之外，還販售精緻的文具禮品以及自有品牌的書袋、馬克杯等，書局內也有附設的咖啡輕食館，和我們台灣的誠品書局，可說是有過之而無不及呢！另外附帶一提，印度本地的書籍印刷品價格相當便宜，而且許多熱門暢銷書的英文版都有在印度印行，在這裡購買相當划算喔！除了加爾各答之外，德里、孟買、清奈等大城市，皆有牛津書局的分店。

牛津書局。

牛津書局位於人潮熙來攘往的街上，
是一間歷史悠久的連鎖書局

歐風裝潢的芙蘿莉茶館，提供正統歐式的茶點。

★ 芙蘿莉茶館（Flury's Tea House）

1927 年在加爾各答熱鬧的公園街（Park Street）所創立的芙蘿莉茶館，引進了來自瑞士及歐陸的傳統烘焙點心及精緻甜品，挑高氣派的裝潢和天花板上的水晶燈飾，讓人恍如置身於 30 年代時的歐洲藝文茶坊！走進這裡，點一壺熱紅茶或是義式咖啡，搭配現烤出爐的可頌或是檸檬塔，是個讓人放鬆心情又覺得溫馨的好地方！全天候供應的歐陸早餐，是店內的招牌。除了歐式甜點麵包之外，也有炸薯條、三明治等熱食可供選擇。

營業時間：**7：30am ～ 10：00pm**

本書所提供之旅遊相關資訊，盡可能以完稿日前之最新資料為主，謹供讀者規劃旅遊時參考輔助，然而實際情況仍須以當地公告為準。

本書所提及之票價皆為外國觀光客的票價，印度公民之優惠票價不列入說明。

印度當地語言單字之音譯，可能依地區口音不同而有多種拼法，本書僅列出常用的其中一種，以供參考。

國家圖書館出版品預行編目資料

印度，不思議！/ 黃佩筠著
-- 初版 -- 臺北市：瑞蘭國際 ,2015.11
272 面；14.8 x 21 公分 --（FUN 世界系列；5）
ISBN：978-986-5639-45-7（平裝）
1. 自助旅行 2. 印度
737.19　　104021315

FUN 世界系列 05
印度，不思議！

作者 | 黃佩筠
責任編輯 | 葉仲芸、王愿琦
校對 | 黃佩筠、葉仲芸、王愿琦

視覺設計 | 劉麗雪・插畫 | 何宣萱

董事長 | 張暖彗・社長兼總編輯 | 王愿琦・主編 | 葉仲芸
編輯 | 潘治婷・編輯 | 紀珊・編輯 | 林家如
設計部主任 | 余佳憓
業務部副理 | 楊米琪・業務部專員 | 林湲洵・業務部專員 | 張毓庭

出版社 | 瑞蘭國際有限公司・地址 | 台北市大安區安和路一段 104 號 7 樓之 1
電話 | (02)2700-4625・傳真 | (02)2700-4622・訂購專線 | (02)2700-4625
劃撥帳號 | 19914152 瑞蘭國際有限公司・瑞蘭網路書城 | www.genki.com.tw

總經銷 | 聯合發行股份有限公司・電話 | (02)2917-8022、2917-8042
傳真 | (02)2915-6275、2915-7212・印刷 | 宗祐印刷有限公司
出版日期 | 2015 年 11 月初版 1 刷・定價 | 380 元
ISBN | 978-986-5639-45-7

瑞蘭國際

瑞蘭國際

瑞蘭國際

瑞蘭國際